큰돈 버는 기회는
모두가 어렵다고 할 때 찾아온다

BONJIN NO GYAKUSHU
by Kanda Masanori/Hira Hidenobu
Copyright ⓒ 2002 Kanda Masanori/Hira Hidenobu
All rights reserved.
Original published in Japan by Oesu publishing co., Tokyo
Korean translation rights arranged with Oesu publishing co., Japan
through The sakai agency and Sun literary agency, Korea
Korean translation copyright ⓒ 2003 Narawon publishing co.

이 책의 한국어판 저작권은 사카이 에이전시와 선 에이전시를 통한
저작권자와의 독점 계약으로 나라원에 있습니다.
신저작권법에 의해 한국 내에서 보호를 받는 저작물이므로
무단전재와 복제를 금합니다.

갑부들이 가르쳐주는 최단시간 부자되기

큰돈 버는 기회는 모두가 어렵다고 할 때 찾아온다

간다 마사노리 · 히라 히데노부 지음
은영미 옮김

나리원

당신과 마찬가지로
우리도 몇 년 전까지는,
성공하면 참 좋겠다 생각하면서
책을 읽었다.

저자 간다 마사노리에 대하여

일본 소피아대학 외국어학부 졸업. 외무성 경제국 근무 후, 뉴욕대학 경제학 학사 및 펜실베이니아대학 경영학 석사(MBA) 취득. 컨설팅 회사와 미국 가전제품회사를 거쳐 회사 설립.

학력은 굉장해 보이지만 사실 어느 학교에서나 성적은 바닥을 맴돌았으며 졸업한 것 자체가 기적이다. 외무성에서는 나이지리아로 배속 당해야만 했고, 컨설팅 회사에서는 정리해고 되었으며, 미국 가전제품회사에서는 혼자서 열사람 몫의 일을 해야만 했다.

그 후 1998년 회원제 컨설팅 회사인 주식회사 알막(almac)을 설립하고 '고객획득실천회'를 창설. '고객획득실천회'는 전국 3800개사를 넘는 중소기업이 참가. 다이렉트 마케팅(중간상을 배제한 직접판매활동. 통신판매, 방문판매 등)을 실천하는 조직으로는 최대 규모.

2001년에는 가속학습법을 통해서 리더층의 정보처리능력을 향상시키는 포토리딩(PhotoReading)을 일본에 소개. 《당신도 지금보다 10배 더 빠르게 책을 읽을 수 있다》는 60만 부의 베스트셀러가 되었다. 가속학습교육을 실천하는 러닝 솔루션즈사, 개인과 조직의 스트레스를 플러스로 전환하고 성장을 가속시키는 스트레스 매니지먼트사, 기업가 육성을 위한 기업가대학 등, 6개 회사의 경영에 참여하고 있다.

저서는 《당신 회사도 90일이면 돈을 번다!》, 《비상식적인 성공법칙》, 《60분간 1위 기업화 프로젝트》 외 다수의 베스트셀러가 있다.

저자 히라 히데노부에 대하여

1959년 태생. 나가사키현 출신. 오카난 고교 졸업. 1급 건축사.

2000년에 주택건축회사인 주식회사 엘하우스를 설립한다. 20년 동안 현장감독으로 근무했던 건설회사가 그가 창업한 지 6개월 후에 도산. 그 여파로 건축 도중의 물건을 11개동을 인수하게 되었고, 불굴의 의지로 전체를 완성시키기에 이른다. 창업 2년째에는 55개동을 수주하고 연매출 8억 엔의 실적을 8명의 사원으로 거둔다.

또한 일부상장기업 주식회사 나크(NAC)와 업무를 제휴하고 '저비용 주택연구회'를 설립. 전국 각지 160개사가 참가해 급성장을 거둔다. 주택업계의 이해하기 어려웠던 가격구조를 분명하게 밝힌 판매기법은 매스컴에 크게 다뤄졌다(벤처링, 나가노아사히 방송, 실업계, 닛케이신문, 닛케이홈빌더 외 14개사).

2001년, 전국 3800개사를 넘는 중소기업이 참가하는 고객획득실천회의 '사장 아카데미상 우수상'을 수상. 같은 해 포레스트 출판의 '포레스트 대상 준대상'을 수상.

나가노현 치노시에 고객획득실천회 토라노아나를 주재. 고객확보를 고심하는 중소기업을 지원하고 있다(회원 98개사). 현재 NPO법인 '주택법률상담실' 설립을 위해 중앙대학 법학부 통신교육과에 다니는 학생이기도 하다.

행운의 여신은 어둠 속에서 당신을 향해 미소 짓고 있다.

Prologue
어떻게 하면 부자가 될 수 있을까?

대체로 많은 사람들이 스스로에게 자신이 없다.

마찬가지로 우리도 몇년 사이에 이렇게 크게 성공하리라고는 솔직히 생각하지 못했다. 그러나 평범한 직장인이었던 우리는 3년 사이에 억만장자가 되었다.

물론 은행 강도를 저지른 것도 악덕한 방법으로 부를 축적한 것도 아니다. 간다는 경영컨설턴트로, 히라는 주택건축회사의 사장으로 일해왔다. 간다는 소예산으로 고객을 확보하는 방법을 체계화함으로써, 히라는 훌륭한 품질의 주택을 낮은 가격으로 제공함으로써 지금까지는 상상할 수 없었던 많은 수입을 얻었다. 그리고 자신만의 자유로운 시간과 멋진 친구들을 얻을 수 있었다.

두 사람도 몇 년 전까지는 지금의 당신과 똑같이 언젠가는 회사를 차리고 싶어 했고, 언젠가는 성공하고 싶어 했다. 그토록 그리던 꿈의 생활이 몇 년 만에 실현된 사실에 가끔은 내 일이 아닌 것처럼 낯설게 느껴질 때도 있다. 그렇기 때문에 이처럼 책으로 만들어서 마음 정리를 해두고 싶었고, 우리가 얻은 경험과 노하우를 다음 무대로 옮겨가려는 당신에게 전하고 싶었다.

많은 사람들이 못 느끼는 것이 있다. 바로 '현재 당신이 경험하고 있는 일이 최고의 값진 보석'이라는 사실이다. 실제로 만원 전철 속에 있으면 매일이 시시한 나날의 연속이라고 생각할지 모른다. 왜 이렇게 시시한 일을, 그것도 멍청한 상사를 위해서 해야만 하나 화가 나는 때도 있다. 하지만 당신이 지금 하고 있는 일은 몇 억의 가치로 바뀔 수 있는 가능성을 감추고 있다.

이 책의 저자도 당신과 마찬가지로 매일 주어진 업무를 처리하며 살아가는 보통의 직장인이었다. 두 사람 모두 특별한 재능이 있었던 것도 남보다 특별한 경험을 쌓은 것도 아니다. 한 사람은 정리해고 된 전공무원이었고, 또 한 사람은 고졸의 현장감독이었다. 우리 두 사람 다 해고당했고 회사도 파산했다.

누구에게나 있을 법한 진부한 경험이다. 그러나 이 경험을 우리는 빛나는 황금으로 바꿀 수 있었고, 그 방법은 아주 가까이에 존재하고 있음을 깨달았다. 따라서 이 책에서는 그 방법을 독자 여러분들에게 사실 그대로 공개하려고 한다.

이 방법을 공개하는 데 있어서 우리는 많은 고민을 했다. 물론 우리끼리 비밀로 하고서 조용히 돈버는 게 더 편할 수도 있다. 하지만 우리는 이미 사회로부터 넘칠 만큼 혜택을 받았고, 왠지 나와는 안 어울리는 게 아닐까 하는 걱정마저 들만큼 큰 사랑을 받고 있다. 그 은혜를 갚기 위해서 당신들도 성공할 수 있도록 응원해주고 싶다. 그래서 이 책을 쓰기로 결심한 것이다.

현재 일의 의미를 잃어버린 직장인이 참으로 많다. 그들에게 하고 싶은 말은, 당신이 지금 하는 일이 어떤 것이든 그 나름의 가치가 분명히 있다는 점이다. 당신의 경험에 영업력이 첨가되었을 때는 무엇과도 비교할 수 없는 큰 자산이 된다. 따라서 직장인의 경험은 억만금의 가치를 가졌다고 할 수 있다. 일본 중소기업에 다니던 그야말로 평범한 회사원이었던 다나카 고이치 씨는 노벨화학상을 수상했다. 하룻밤에 평범한 직장인이 세계의 거인이 된 것이다. 다나카 씨의 성공은 단순한 꿈 이야기가 아니다. 당신도 우리도 누구나 영웅이 될 가능성을 갖추고 있다.

그러나 대부분의 사람은 자신 안에 영웅이 숨겨져 있다는 것을 깨닫지 못한다. 자신감을 잃고 '인생이란 게 다 그렇지'하며 포기해 버린다. 그러다 연말이면 회사의 희생양이 되어 우울증에 시달리다가 철도에 몸을 던진다.

포기하지 마라. 스스로 깨닫지 못하고 있을 뿐 언젠가는 당신 안에도 빛나는 보석이 감춰져 있다는 사실을 반드시 알게 될 것이다.

우리도 벼랑에 내몰렸던 적이 있었다. 회사로부터 버림 받고 해고당했을 때는 힘들고 괴로웠으며 자신감도 잃었다. 앞으로 어떻게 살아야 할지 알 수 없는 막막함, 다시 취직하려고 해도 어떤 회사에서도 써주지 않을 것 같은 불안감, 아내에게 그리고 가족에게도 해고당했다는 사실을 알려야만 했을 때의 그 비참함이란 이루 말할 수 없었다.

그러나 아무리 최악의 순간이라 하더라도 행운의 여신은 어둠 속에서 당신을 향해 미소 짓고 있다. 이 난국을 어떻게 헤쳐 나가는지 당신을 시험하고 있다.

성공은 정신적인 상처에서 시작된다. 성공한 사람들은 모두 정신적인 상처를 지니고 있었다. 장해는 마이너스가 아니다. 장해가 크면 클수록 성공도 큰 것이다.

장해를 성공으로 바꾸기 위한 열쇠는 지금까지의 경험과 더불어 시장가치를 발견하는 기술, 그리고 그 경험을 파는 영업력, 즉 자신을 파는 기술에 있다. 아무리 훌륭한 발명이라도 발표하지 않으면 노벨상을 탈 수 없는 것과 같다.

이 책은 그러한 기술을 전하고 당신 안에 숨겨진 영웅을 발견하기 위한 책이다.

이 책이 공저인 이유는 다음과 같다.

성공은 이제 혼자서 이룰 수 있는 것이 아니다. 지금까지 성공한 사람들은 개인의 힘으로 성장했고 넘치는 카리스마를 칭송받았다. 그러나 한 사람의 카리스마가 집단을 이끄는 시대는 지났다. 개인의 사상은 이미 개인 안에 존재하는 것이 아니다. 개개인의 사상은 서로 혼합되어 우리들의 사상의 장을 형성한다.

간다와 히라가 만났을 때 간다는 컨설턴트 강사였고 히라는 학생이었다. 그러나 학생만 선생님에게 배우는 게 아니다. 선생님도 학생에게 배우는 것이다. 그리고 서로가 좋은 경쟁자로서 함께 성장할 수 있는 관계를 맺을 수 있는 것이다. 이것이야말로 카리스마적 성공을 대신하는 진정한 풍요로움이다.

그렇다면 당신의 경험이 어떻게 당신을 부자로 만드는지 지금부터 시작해 보기로 하자.

차례

Prologue. 어떻게 하면 부자가 될 수 있을까? … 9

서문. 평범한 사람이 최단시간에 성공하려면
분노에서 슬픔, 그리고 사고 … 19
당신을 망치는 악의 주문 … 24

■ 최단시간 성공프로젝트 제1단계
당신도 인생을 역전시킬 수 있다

주의! 독립창업형 바이러스 발생 … 31
창업에 실패한 사람들의 그 후 … 35
곤란한 일은 절대 일어나지 않는다! … 43
돈도 인맥도 제로에서의 출발 … 44
첫 진격은 10만 엔의 광고에서 시작되었다! … 47
톱 5%의 사람과 나머지 95%의 평범한 사람 … 51
평범한 사람이 톱 5%에 드는 조건 ① 동기 … 55
평범한 사람이 톱 5%에 드는 조건 ② 집객력 … 57
평범한 사람이 톱 5%에 드는 조건 ③ 영업력 … 59
결심을 단단히 굳혀라 … 61
성공하는 사람의 5가지 특징 … 63

■ 최단시간 성공프로젝트 제2단계

진부한 경험을 황금으로 바꾸는 방법

현장 경험이 수억 엔으로 바꿔 놓았다! … 69
날마다 하는 일 속에 황금이 잠자고 있다 … 75
지식이 당신의 깨달음에 무한한 가치를 제공한다 … 77
두뇌를 사용하면 수입은 천정부지 … 79
사람은 욕심으로 공부한다 … 81
히라식 초간단 공부법 … 83
① 초고속 지식습득법 … 84
② 아이디어 초발상법 … 93
③ 지식현금화법 … 104
깨닫는 힘을 길러라 … 109
현재의 일을 소중히 여기고 자신을 믿어라 … 110
범인과 천재는 종이 한 장 차이 … 112
장점을 단점으로 바꾼다 … 113
평범한 회사도 잘 나가는 회사로 변신할 수 있다! … 116
당신을 빛내기 위한 기회 잡는 법 … 118

■ 최단시간 성공프로젝트 제3단계

평범한 사람도 업계 최고가 되는 방법

오쇼 씨는 톱 영업사원 … 125
영업은 너무도 간단하다 … 127
팔지 않겠다고 하면 고객은 어떻게 할까? … 129

당신을 괴롭히는 잘못된 영업 상식 … 132
고객이 상품을 사는 진짜 이유 … 135
당신이 고객에게 신뢰받는 순간이란? … 138
파는 법을 약간만 바꾸면 톱 영업사원! … 141
당신도 영업의 귀재가 될 수 있다 … 143
상식을 근본부터 뒤엎는 귀인 영업법 … 144
당신이 만날 고객을 판단하는 방법 … 147
구매를 권하지 않고도 팔기 위해서는 … 152

■ 최단시간 성공프로젝트 제4단계
고객을 늘리고 매출을 극대화하는 방법

고객을 불러모을 수 없으면 창업은 꿈 이야기 … 157
광고해도 문의가 오지 않는다 … 159
라이벌에게 절대 알리고 싶지 않은 골드러시 집객법 … 162
고객이 손쉽게 주문할 수 있는 오퍼 … 165
고객의 머릿속을 정리해주는 광고 노하우 … 167
고객은 어항 속의 금붕어 … 171
고객의 마음을 움직이는 사명감 … 173
태풍의 눈 작전 … 174

■ 최단시간 성공프로젝트 제5단계
매스컴으로 부를 쌓고 유명인이 되는 방법

TV에 나오는 것은 우연이 아니다 … 181

팩스 한 통으로 인생이 달라진다 … 183
매스컴에 등장하는 방법 … 184
갑자기 방송국이 취재하러 왔다 … 186
다른 회사도 있는데 왜 취재하러 왔을까? … 186
매스컴에 나오는 보도자료 작성법 … 188
매스컴에서 연락이 오면 … 191
왜 매스컴을 이용해야만 하는가 … 194
매스컴에 등장하는 이점 … 197
매스컴 등장은 회사 전체의 활력소 … 200
매스컴은 당신을 기다리고 있다 … 201

■ 최단시간 성공프로젝트 제6단계
창업으로 인생을 역전하는 방법

독립하기 전까지의 갈등 … 205
타인을 휘어잡는 유니크 세일스 프로포지션 … 207
별난 사람이야말로 멋진 사람 … 210
돈 벌 의무를 회피하지 마라 … 212
인생은 멋지다 … 213
자신에게 OK를 외쳐라 … 215

Epilogue. 두 저자가 보내는 메시지

혼자 버는 돈은 의미가 없다_ 간다 마사노리 … 217
자기 인생은 스스로 책임져라_ 히라 히데노부 … 220

"자네는 나를 부끄럽게 만드는 일만 하는군!"

서문
평범한 사람이
최단시간에 성공하려면

분노에서 슬픔, 그리고 사고

"안녕하세요. 화창하고 기분 좋은 아침입니다."

이런 인사말로 시작된 메일이 아베 유사쿠 씨로부터 왔다.

그는 그때까지 근무했던 건축회사를 그만 두고 2002년 봄에 일본 제일의 격전지로 알려진 이바라키현 쓰쿠바 지구에서 단 둘이서 회사를 설립했다. 주변 사람들은 하나같이 고전할 게 틀림없다고 예상했다. 그러나 그는 회사 설립 후 90일도 채 안 되어 신축주택 6개동을 수주하고, 순식간에 회사를 궤도에 올려놓았다. 지금의 건축업계에서 이 정도의 실적은 굉장한 것이며 거의 기적이라고 해도 좋을 것이다.

주택건축업이라는 것은 창업이 매우 어려운 업종이라고 한다.

일생 동안 가장 고가의 물건을 사는 것이기 때문에 누구나 신중해질 수밖에 없는 게 사실이다. 따라서 어중간한 회사에는 내 집을 절대 맡기지 않는다. 고객은 그 회사가 정말로 믿을 수 있는가, 좋은 기술자들을 가지고 있는가, 혹시 부도나진 않을까, 우선 의심하고 본다. 그런 고객을 설득하고 주문을 받아야만 한다. 요즘 같은 불황 속에서 사람, 물건, 자금, 3박자가 모두 갖춰진 큰 건축회사조차 주문을 받는 데 고군분투하고 있다. 이처럼 지극히 어려운 업종인 주택사업을 시작한 것이다. 회사 설립자금은 겨우 500만 엔. 사무실은 아는 사람의 빌딩의 2층을 빌렸다. 또한 잡무를 맡아줄 사원조차 없었다.

주문을 받은 6개동의 집주인은 모두 첫 대면한 고객들이다. 누구의 소개를 받은 것도 아니고 친척이나 아는 사람의 주택개조를 의뢰받은 것도 아니다. 대 건축회사처럼 큰 간판을 내걸거나 전단지를 뿌려 고객을 모은 것도 아니다. 그런데도 3개월도 채 안 지나 6개동의 집을 주문 받았다.

이런 불경기 속에서 회사를 차린 건 무엇 때문이며, 그 계기가 무엇이냐는 질문에 다음과 같은 답 메일이 날아왔다.

'히라 씨의 질문을 받고 곰곰이 생각해 보았어요. 돌이켜 보면 창업을 생각했을 때는 분노가 거센 파도처럼 온몸에 퍼졌던 것을 기억합니다. 일과 가족, 그리고 나 자신의 삶. 그 장면들을 하나씩 떠올리고 종이에 썼습니다.

쓰는 도중에 뭔가가 울컥 치미더군요. '이 회사는 내가 아무리 열심히 일해도 어차피 남의 회사다'라는 생각이 끊이지 않았습니다.

1년 전쯤 도산 직전에 있던 회사에서 저는 아침 8시부터 새벽 4시 정도까지 정말 정신없이 일했습니다. 그러다 새벽 운전 중에 깜박 졸았고 그 졸음은 큰 사고로 이어지고 말았습니다. 상대방 운전자에게는 큰 부상을 입혔고 그 일로 제 가정은 엉망진창이 되었죠. 그런 상황에서 사장은 엎친 데 덮친 격으로 내게 믿을 수 없는 말을 던지더군요.

"자네는 나를 부끄럽게 만드는 일만 하는군!"

그 순간 10년 동안 힘들게 싸워왔던 일들이 머릿속을 스쳐 갔습니다. 눈물이 한없이 흘러내리더군요. 제 안에도 엄청난 분노와 불만이 쌓여 있었던 거죠. 막상 그토록 최선을 다해 왔던 회사의 사장에게 그런 말을 듣고 보니, 저를 믿지 못하는 회사에서는 더 이상 있을 필요가 없다는 생각이 들었습니다. 그래서 저는 모든 것을 던져 버리기로 결심했습니다.

결국 독립한 계기는 회사에 대한 분노의 폭발이었다고 생각합니다. 그래도 저를 키워 준 회사가 아닙니까. 당연히 감사하고 있어요. 하지만 그런 분노를 품은 채 더 이상은 가면을 쓰고 있을 수 없게 된 것입니다. 만약 그대로 있었다면 분노는 점점 더 나쁜 방향으로 향했을지도 모릅니다. 그래서 회사로부터 독립하기로 결심했고 정말 멋진 결정이었습니다.

회사를 세우고 반년이 지난 지금 저는 그 사장님께 오히려 감사드리고 있습니다. 그 회사에서 10년간의 경험이 없었다면 지금의 성공은 결코 없었을 테니까요.

히라 씨는 이런 질문도 하셨죠.

현재 회사로부터의 독립을 꿈꾸는 직장인에게 한 마디 조언한다면 뭐라고 하고 싶냐구요.

제가 여러분에게 보내는 메시지가 있다면 다음과 같습니다.

"어중간한 경험과 분노라면 독립하지 마라. 지금 회사에서 더 실력을 쌓고 시기를 기다려라."

사람은 분노가 크면 큰 만큼 온 힘과 노력을 다하고 열정적으로 덤빌 수 있다고 보니까요.

그럼, 또 편지 드리겠습니다.'

분노와 불만의 에너지가 폭발적인 힘을 낳는다. 이 점은 더 말할 수 없는 진실이다.

요코하마 국립대학의 호리노우치 다카하시 교수에 의하면, "사람의 행동은 먼저 분노가 에너지가 되고, 그 분노가 모이면 깊은 슬픔이 엄습해 온다. 슬픔이 모였을 때 사람은 사고한다"고 말한다. 분노 → 슬픔 → 사고, 사람은 이 단계를 거쳐서 행동으로 옮기는 것이다.

이 책을 쓰려고 결심했을 때 이미 독립해서 회사를 차린 수십 명의 사람들에게 물었다. 대부분이 그와 마찬가지로 "당시에 일하던 회사에 대한 불만, 자신에 대한 분노, 이것들이 독립에 대한 에너지가 되었다"고 말했다.

그렇게 생각하면 당신이 현재 심한 처사를 받고 있고 항상 분노를 느끼고 있다면 억지로 참을 필요는 없는 것이다. 분노를 감추는 데 에너지를 쓰는 것이 아니라 그 분노를 사용할 곳에 에너지를 쓰는 게 현명하다고 할 수 있다.

앞으로 자신의 회사를 차려서 성공하려면 이러한 분노의 에너지가 필요할 때가 있다. 당신의 만족스러운 미래를 위해서 분노의 에너지를 제대로 이용하는 기술을 익히는 것이다.

그러나 주의해야 할 점이 있다. 분노의 에너지는 계속 이용해서는 안 된다. 사업이 궤도에 오르고 회사가 이익을 창출하기 시작하면 분노의 에너지는 당신을 잘못된 방향으로 이끌고 만다. 그리고 대부분의 경우 분노의 에너지는 가족과 사원 등 당신이 가장 소중히 여기는 사람을 다치게 한다. 사랑하는 사람들 모두를 행복하게 해주고 싶다는 꿈을 가지고 회사를 차렸는데도 전혀 반대의 결과가 나타난다면 얼마나 가슴 아픈 일인가.

우리는 그런 사람들을 지금까지 많이 봐왔다. 많은 사람이 위험의 늪을 넘지 못하고 가정 붕괴, 사원 반기에 의한 회사 붕괴 등의 어둠의 나락으로 빠져버렸다. 어쩌면 당신도 그들처럼 위험의 늪 앞에 놓일 때가 올지 모른다. 그러나 괜찮다. 조금만 시각을 바꿔도 위기는 얼마든지 피할 수 있으니까, 또한 이 책에 나오는 여러 가지 사례를 통해서 위기 탈출법을 자연스럽게 익힐 테니까 말이다.

당신을 망치는 악의 주문

히라는 도쿄로 출장을 가는 경우가 많다. 그런데 종종 신경 쓰이는 일이 발생한다. 다름 아닌 전철 때문이다. 나가노현 치노시에서 신주쿠 역까지 JR철도를 이용하는데 이 전철이 자주 멈춘다. 그 이유는 고장이 나서가 아니라 사람이 전철로 뛰어들기 때문이라고 한다.

뛰어드는 사람은 직장인이 대부분이다. 그 이유는 회사에서의 실적에 대한 압박감 때문이거나 막연한 무력감 때문이라고 한다. 또한 상사의 따돌림이 원인이 된 사람도 있다. 사회에서의 따돌림은 학창시절의 따돌림과는 차원이 다르다. 졸업하면 끝나던 시절과는 달리 그 회사를 다니는 한 평생 계속될 뿐 아니라, 못 참고 도망치면 직장을 잃게 되고 결국 온 가족이 길거리로 내몰리는 결과가 된다. 결국 생계가 달려 있으니 이를 악물고 참아내야만 하는 것이다.

그러나 포기하기 전에 방법이 있다. 지금부터 말하는 것을 당신이 진지하게 들어만 준다면 당신의 고민과 불안은 반드시 해소된다. 게다가 매일 회사 가는 것이 즐거워 어쩔 수 없는 기분이 될 것이다.

"회사에 가는 게 즐겁다고? 그건 무리야. 뭔가에 홀려서 내 일이 정말 즐겁다고 믿는다면 또 몰라도." 맞는 말이다. 그 말은 곧 스스로에게 어떤 믿음을 심느냐에 따라서 그대로 이뤄진다는 뜻일 것이다. 반대로 자신이 실패한 인생이며 성공하기는 틀렸다고 생각하는 사람은 스스로에게 실패한 인생이라는 믿음을 심는 것이고, 그것은 스스로에게 알게 모르게 '악의 주문'을 걸고 있는 것이다.

예컨대 어떤 사람이 스스로를 회사에서 필요 없는 사람이라고 생각하고 혹시나 해고당하지 않을까 불안해하거나, 미래의 꿈도 희망도 없고 있는 것은 주택융자금 상환과 아내의 잔소리뿐이며, 창업은 커녕 취미를 살릴만한 기력도 없고, 상사에게는 쓸모없는 사람으로 취급받고 여직원들에게는 능력 없는 사람이라고 취급받으며 무시당한다고 하자. 그런 일이 반복되다 보면 결국 자신은 아무엇도 할 수 없는 무능한 사람이라고 믿게 된다. 그리고 더 이상 생각하기를 그만두게 되고 그때부터 사고가 정지한다. 그러면 더 이상 행동할 수 없게 되는 것이다.

우리도 좌절과 굴욕을 곱씹으면서 회사를 그만 두어야 했던 때가 있었다. 그리고 독립해서 회사를 차렸다. 두 사람 다 사업의 재능이 있었던 게 아니다. 말도 서투르고 사람 사귀는 것도 서투르다. 특별한 능력이란 아무것도 없었던 지극히 평범한 사람이다.

단지 다른 점이 있다면, 지금까지의 경험을 전혀 허튼 것으로 만들지 않았으며 전부 이용했다는 것이다. 자신이 맡은 일에 대해서는 좀 더 잘 해내기 위해 연구해 성과를 거두었고, 그리고 성과를 거둔 방법은 모두 기록해 두었다. 기록해 두지 않으면 아무리 좋은 일도 잊어버리기 때문이다.

거기에다 다양한 장르의 책에서 얻은 지식을 첨가하고 실천해 왔을 뿐이다. 직장인 시절의 경험은 어떠한 것도 허튼 것으로 만들지 않았다. 당신이 깨닫지 못할 뿐 지금 당신이 하고 있는 일이 곧 보물 상자다. 그렇게 생각하면 그 동안 시시하다고 생각했던 일도 반드시 즐거워질 것이다.

당신에게 걸린 '악의 주문'은 쉽게 풀 수 있다. 이 책을 끝까지 읽을 때면 반드시 풀려 있을 것이다. 만약 당신이 성공하기 위한 문을 열고자 한다면 방법은 간단하다. 어려운 성공법칙도 필요 없다. 성공 프로그램도 필요 없다.

그저 이 책에 쓰여 있는 내용 하나만 시도해 봐도 된다. 물론 이 책을 읽었다고 해서 당장 큰 부자가 된다고는 약속할 수 없다. 그런 약속을 한다면 거짓말이다.

우리가 할 수 있는 것은 지금 당신이 하고 있는 일은 '무엇 하나 불필요한 일은 없다'는 것을 알게 하는 것이다.

앞으로 하는 얘기는 평범한 사람이 최단시간에 성공하기 위한 지극히 실천적인 방법이다. 허위 선전 같은 것은 없다. '운을 불러들이려면 매일 화장실 청소를 해라!'라는 따위의 말도 없다. 당신은 이 책을 통해 작은 열쇠를 발견하게 될 것이다. 아무리 육중한 문이라도 열쇠만 있다면 문은 얼마든지 열 수 있다. 이 문이야말로 당신이 미래로 가는 입구인 것이다.

앞으로는 최단시간에 성공하는 방법을 설명하겠지만 한 가지 알아야 할 게 있다. 우리가 하는 얘기는 당연한 얘기가 아니다. 상식적인 얘기를 기대한다면 분명히 실망할 것이다. 앞으로는 상식을 뒤엎는 말들만 전개될 것이다. "정말!", "진짜?" 그런 말이 절로 나오는 내용뿐이다. 그러나 어쩔 수 없다. 왜냐하면 우리는 차원이 전혀 다른 성공과 결과를 바라고 있기 때문이다.

먼저 우리가 어떤 단계로 성공했는지를 짚고 넘어가기로 하자. 그렇다고 자화자찬할 생각은 전혀 없다. 당신이 사례를 참고삼아서 '나도 할 수 있겠다'는 사실만 깨달으면 된다. 솔직히 이 책의 목적은 그것밖에는 없다.

최단기간 성공프로젝트 제1단계

당신도 인생을 역전시킬 수 있다

"충분한 돈이 없으면 인생의 절반은 없는 것이나 마찬가지다."

주의! 독립창업형 바이러스 발생

"나, 지금 사장이야. 회사 차렸지. 그러니까 청년실업가야. 무슨 일이 있으면 나한테 와." 그런 말을 남기고 그는 BMW를 타고 떠났다.

반년 후, 그는 소식을 끊었다. 야밤도주를 해서 행방이 묘연하다고 한다. 소문에 의하면 독립창업형 바이러스에 감염된 것이 원인이었다.

또 한 명의 감염자가 있다.

이 사람은 감염된 채 회사를 다니고 있다. 회사가 싫어서 견딜 수가 없다. 월급은 적고 상사와도 마음이 안 맞고, 이따위 일을 정년까지 계속한다고 생각하니 끔찍하다는 것이다. 이 사람이 전에는 안 그랬는데 왜 이렇게 변화되었는지 알고 싶어 검사해보았다. 역시나 독립창업형 바이러스가 양성으로 나왔다. 완전히 전신으로 퍼져 있다. 일에 집중할 수 없고 영업실적도 하강일로에 있다. 회사를 차려서 멋지게 성공한 자신을 상상하는 게 유일한 즐거움이다. 그러던 그는 이번 봄에 정리해고 되었다.

지금이라도 서점에 가면 소자본 창업, 무점포 창업, 프랜차이즈(체인점) 창업 등의 잡지와 책이 즐비하게 늘어서 있다.

'당신도 내일부터 사장이 될 수 있다!'

'창업 시대 도래! 성공의 조건 100퍼센트'

'간단하다. 당신도 오늘부터 청년실업가!'

물론 사장이 되고자 한다면 금방이라도 될 수 있다. 멀티적인 사업도 얼마든지 있다.

자기 사업을 꿈꾸는 사람은 먼저 어떻게 하면 창업할 수 있는가를 생각한다. 이것은 집을 장만할 때의 고객의 행동과 비슷하다. 집을 장만하려고 결심한 사람은 뉴스나 인터넷에서 부동산 정보를 모으거나 길거리에서 나눠주는 홍보 전단지를 들고 모델하우스를 찾는다. 모델하우스를 둘러본 고객은 영업사원의 달콤한 말에 천국과 같은 생활을 꿈꾸며 계약을 추진한다.

그리고 자기자금이 거의 없음에도 불구하고 대부분을 융자금으로 충당한다. 그 후에는 35년간 융자금을 갚느라 허덕이게 되는 것이다.

"다들 이렇게 하십니다. 저희를 믿고 맡겨만 주세요."

이것이 영업사원의 정해진 대사다. 개가 멍멍하고 짖는 것과 다름없다.

창업을 꿈꾸는 사람도 거의 같은 길을 걷는다. 포털사이트 등 매일같이 광고하는 업체를 통해 정보를 모으고, 서점에서 책을 사서 공부하고 세미나에 참가한다. 영업사원의 달콤한 말에 쉽게 프랜차이즈에 가맹한다. 혹은 창업 노하우의 시스템을 산다. 어느 쪽이나 수백만 엔에서 수천만 엔은 들어간다. 그러나 돈이 없는 사람을 위해서도 달콤한 방도가 준비되어 있다. 크레디트 카드를 만드는 것이다. 크레디트 회사의 심사만 통과하면 "개업을 축하합니다!"가 된다.

실제로 창업을 가볍게 생각하면 이런 수순을 밟게 된다. 이런 현상은 바이러스에 감염된 메일처럼 세상 속으로 퍼져 나가고 있다. 당신만은 감염되지 않기를 진심으로 바라기 때문에 지금부터는 다소 과감하게 말하려고 한다.

'독립창업형 바이러스'에 감염된 사람은 왠지 하나같이 비슷하다. 자신이 하고 있는 일에 회의를 느껴서 다른 일을 선택하려고 한다. 새롭고 가슴 뛰는 세계가 분명히 자신을 위해 기다리고 있을 것이라고 착각하는 것이다. 그러나 그런 세계는 결코 없다. 무정하게도 세상은 그들에게 달콤한 것만을 보여주진 않는다. 반대로 반대로 끌고 가서 마지막에는 실패라는 시련만을 안겨주는 것이다.

그렇다면 바이러스에 감염되지 않고 실패하지 않으려면 어떤 길을 밟아야 할까?

성공하기 위한 길은 몇 가지가 있다. 그러나 감히 말한다면 '최단시간에 성공하는 길'은 한 가지밖에 없다고 할 수 있다. 그것은 '지금 하는 일에서 가치를 발견하는 것'이다.

<u>앞으로 얘기하는 방법이 어쩌면 최선책은 아닐지도 모른다. 하지만 위험은 적다. 고위험 고수익을 선택하고 싶다면 그것도 좋다. 그러나 창업에 인생의 모든 것을 걸지는 말기 바란다.</u> 왜냐? 대체로 인생의 모든 것을 거는 사람들이 실패하기 때문이다. 우리는 그런 사람들을 수없이 많이 봐 왔다. 적어도 이것만은 단언할 수 있다. 창업하면 절대로 실패해서는 안 된다.

"당연하지!"하고 소리칠지도 모른다. 하지만 현실적으로 실패하는 사람은 계속해서 생겨나고 있다.

"그렇다면 언제 어디에서 실패하면 좋은데?"

큰 소리로는 말할 수 없지만 바로 지금 당신이 근무하고 있는 회사에서다. 무엇보다 회사가 실패하더라도 당신 재산이 전부 털리는 일 같은 것은 일어나지 않는다. 회사 돈으로 시도해 보되 실패한다 해도 회사 돈이 나가는 일이다. 게다가 당신은 회사에서 봉급도 받고 보너스도 받으면서 이렇게 산 경험을 얻을 수 있다는 게 얼마나 좋은 일인가!

그러나 창업에 실패하면 모든 재산을 쏟아 붓게 된다. 집도 땅도 차도 없어지고 심한 경우에는 가족까지도 해체되어 버린다. 조금 지나친 위협이 될지 모르지만 현실은 그렇게 만만하지 않다는 것을 머릿속 한편에 꼭꼭 심어두어야 하는 것이다.

창업에 실패한 사람들의 그 후

내가 아는 사람 중에 오가와 히로오미 씨가 있다. 오가와 씨는 오사카에서 회계사무소와 묘가 매니지먼트 주식회사라는 컨설팅 회사를 경영하고 있다. 몇 년 전에 설립해 지금 일취월장하고 있는 회계사무소다. 회계사무소 업계는 역시 불황업종이라는 말들을 많이 한다. 회사들이 돈을 벌지 못하기 때문에 회계사무소에 지불할 돈이 없다. 더군다나 그 회사가 도산하는 날에는 꼼짝없이 고문료도 못 받고 떼이게 된다. 이런 저런 일들로 인해서 경영하기가 상당히 힘들다고 한다.

그러나 오가와 씨의 사무소는 정반대다. 매달 고문처가 늘고 있다. 늘어나는 데는 물론 이유가 있다. 다른 회계사무소가 하지 못하고 있는 일을 하고 있다는 것뿐이다. 그렇다면 무엇을 하고 있는 걸까?

한 마디로 말해 '메뉴'를 만들었기 때문이다. 그 메뉴에는 서비스 내용과 요금이 적혀 있다. 그리고 메뉴를 고객 확보에 철저하게 활용했다.

회계사무소 업계는 어떤 업무를 어떤 가격으로 하는지를 버젓이 광고한다는 것은 금지되어 있다. 소장이 고문료를 얼마를 원한다고 말했을 때 고객은 부르는 금액 대로 지불하지 않으면 안 된다. 명확한 요금표를 가지고 있는 회계사무소는 아직도 그 숫자가 적다. 오가와 씨는 애매한 그 부분에 과감히 메스를 가했다. 고객이 납득할 수 있는 가격표를 만드는 게 바로 그만의 독특한 영업방법이었던 것이다. 그러자 오가와 씨에게 결산을 맡겼던 회사들은 1년 동안 들었던 결산 코스트가 30퍼센트에서 50퍼센트 정도 감액된 곳들이 속출했다. 그 평판이 소문으로 퍼져 나간 것이다.

창업한 회사들의 사례를 많이 지켜봐온 오가와 씨에게 다음과 같이 질문을 해보았다.

"창업한다고 모두가 성공할 수는 없을 텐데요. 창업에 실패한 사람들은 이후에는 무슨 일을 합니까?"

"다시 직장인으로 돌아가죠."

너무나 간단명료한 대답이라 재차 물었다.

"사업에 실패하면 다시 직장인으로 돌아간다는 건가요?"

"그래요. 하나같이 직장이 싫어서 독립하고 또 모두들 자신도 성공할 수 있다는 가능성을 걸고 독립하죠. 그러나 실패하면 많은 빚을 진 채 직장으로 다시 돌아갈 수밖에 없어요. 그것이 현실이죠."

그러면 어떤 사례가 있었는지 자세하게 얘기해달라고 했다. 오가와 씨는 세 가지의 사례를 들려주었다. 세무사로서의 의무상 업종도 사장의 이름과 나이도 정확히 밝히지 않았지만 참고가 되는 귀중한 내용이었다.

■ 첫 번째 사례

오카다 씨(가명). 38세. 전직 대형양판점의 매입담당. 독립 전의 연수입 500만 엔 → 음식 프랜차이즈로 창업.

독립한 이유는 회사의 미래에 불안감을 느꼈기 때문이다. 언제 구조조정이 단행될지 알 수 없어 늦기 전에 마지막 도박을 걸어보기로 했다. 그는 전혀 경험이 없는 음식업계에 도전했다. 오가와 씨의 말에 의하면 성실한 사람일수록 음식업에 도전하는 일이 많다고 한다. 어쨌거나 창업를 하는 사람들은 지금까지와는 전혀 다른 환경에 도전하고 싶어 한다는 것이다. 게다가 음식업은 특별한 기술도 필요 없고 면허도 비교적 쉽게 취득할 수 있다. 무엇보다 현금장사이기 때문에 쉽게 돈벌 것이라고 착각하게 된다.

화려하게 오픈 했기 때문에 처음 한 달은 잘 돌아가는 듯했다. 그런데 반년 후에는 상황이 이상해지기 시작했다. 반년 사이에 600만 엔 정도의 적자를 냈고 1년 후에는 적자가 1000만 엔을 크게 넘어섰다. 오가와 씨는 이쯤에서 장사를 그만 두라고 제안했다. 지금 그만 두면 그래도 피해가 적을 것이라고.

그러나 오카다 씨는 "앞으로 반년만 더 해보겠습니다. 그래도 안 되면 포기하겠습니다"라고 대답했다. 결국 더 큰 적자를 보게 되어 문을 닫았다.

개업 자금은 바닥나고 2000만 엔 가까운 빚만 남았다. 프랜차이즈 본부에 대한 로열티는 적자를 본 달에도 계속 지불해야만 한다. 오카다 씨는 프랜차이즈 본부와 매출의 20퍼센트를 지불하기로 계약을 맺었고, 이 계약이 너무 부담이 되었던 것이다.

주변에는 프랜차이즈로 창업하는 사람이 많다. 아무래도 쉽고 편한 건 사실이다. 게다가 머리를 별로 쓰지 않아도 된다. 이것이 프랜차이즈에 가입하는 주된 이유들이다. 그러나 프랜차이즈 사업에 뛰어들면 일단 실패할 확률은 극히 높다. 프랜차이즈가 내세우는 장밋빛 사업계획서를 있는 그대로 믿어 버리기 때문이다. 그러나 실패한 진짜 이유는 프랜차이즈 본부에 있는 것이 아니라 가맹한 본인 자신에게 있다.

프랜차이즈에 모든 것을 맡겨 버리고 자신이 배운 경험들은 까맣게 잊어버리기 때문이다. 잘 알려지지 않은 사실이지만 프랜차이즈에는 상품개발 능력은 있어도 중요한 집객 노하우는 가지고 있지 않다. 아무리 좋은 상품을 갖고 있다고 해도 고객을 끌어 모을 수 없다면 사업은 절대 성립될 수가 없다. 중요한 것은 고객 모으는 법을 배우는 일인 것이다.

프랜차이즈의 매뉴얼은 탁상공론이라는 사실을 반드시 기억해 두어야 한다.

교훈 1 : 프랜차이즈로 쉽게 창업하겠다는 생각은 버려라.
교훈 2 : 창업에 인생의 전부를 걸지 마라.

■ 두 번째 사례

사카이 씨(가명). 29세. 전직 생명보험회사 근무, 창업 전의 연 수입 1100만 엔 → 독립 보험대리점 개설.

그는 경험도 풍부하고 자신감도 갖고 있었다. 톱 영업사원이라는 자부심이 있었고, 무엇보다도 고객은 회사가 아니라 자신을 믿고서 계약해준 것이기 때문에 독립해도 실적은 얼마든지 올릴 수 있다고 생각했다. 신혼 1년째의 일이다. 결과는 반년 만에 사무실을 폐쇄하게 되었다. 고객이 전혀 계약을 해주지 않았기 때문이다. 그제야 그는 깨달았다.

'내가 교만을 떨었구나……'라고.

계약을 회사의 이름이 아니라 자신의 이름으로 따냈다고 착각했던 것이다. 회사의 간판이 없어지자 고객은 모두 도망가 버렸다. '일본을 대표하는 ○○생명보험'은 믿지만, '사카이 보험대리점'은 믿을 수 없었던 것이다.

젊은 영업사원 중에는 이런 유형이 많다. "나를 믿고 계약해 준 것이다. 고객도 그렇게 말했다"라고. 그러나 현실은 그와는 정반대다. 역시 고객은 회사 이름을 보고 계약을 맺었던 것이다. 진실을 모르고 자신의 실력만 과신했다가 그처럼 뼈아픈 경험을 하는 사람들이 많다.

그러면 큰 회사의 간판이 없으면 절대 독립할 수 없는가? 꼭 그렇지만은 않다. 사실 우리는 간판을 등에 업고 일하는 게 아니며 원래 회사명으로 고객을 모으지도 않았다.

간다는 주식회사 알막이라는 회사를 경영하고 있다. 그러나 회사명으로 고객을 모으는 것이 아니라 '고객획득실천회'라는 회원 조직으로 회원을 모집하고 있다.

히라는 주식회사 엘하우스를 경영하고 있는데 세간에 알려진 것은 '저비용 주택연구회' 쪽이다. 엘하우스는 몰라도 '저비용 주택연구회'는 모두가 알고 있다. 유수한 건축회사를 밀어젖히고 착공수가 단연 최고다. 우리 두 사람은 큰 회사의 간판은 빌리지 않았으며, 간판은 없는 게 더 좋다고 생각한다. 간판에 의존하다 보면 노력도 게을리 하게 된다는 것을 알기 때문이다.

교훈 1 : 자신의 힘을 과신하지 마라.
교훈 2 : 간판에 의존하지 마라.

■ 세 번째 사례
스즈키 씨(가명) 35세. 중견 건설회사의 현장관리자. 독립 전의 연 수입 480만 엔 → 건설회사 하청으로 회사 설립.

창업을 한 이유는, 친분이 있던 사장이 자신이 밀어줄 테니 회사를 한번 차려 보는 게 어떻겠느냐고 제안했기 때문이다.

건설회사는 기본적으로는 자사가 시공하지만 기한을 맞출 수 없는 물량은 외주로 돌리게 되어 있다. 스즈키 씨는 외주하청 사장에게 인망을 사고 있었고 그 사장에게 창업을 권유받은 것이다. 일은 내가 댈 테니까 한번 해 보라는 그의 말을 굳게 믿었다.

그러나 업계에 불어 닥친 불황은 더욱 심해졌고 스즈키 씨에게로 와야 할 일 자체가 완전히 줄어 버렸다. 물론 사장에게 나쁜 의도는 없었을 것이다. 스즈키 씨의 실패 이유라면 자조 노력을 게을리 했기 때문이라는 것 외에는. 단 7개월로 끝난 짧은 생명. 대체로 성격 좋은 사람에게 많이 보이는 패턴이다. 사람이 좋으면 하청 일은 할 수 있다. 그러나 하청의 현실은 결코 만만치가 않다. 이 경우를 통해서 알 수 있듯이 회사를 설립할 때는 결코 남의 도움만 믿어서는 안 되는 것이다. 한 마디로 자신의 힘으로 고객을 개척할 수 없다면 창업은 안 하는 쪽이 좋다.

교훈 1 : 그저 좋기만 한 사람은 창업하지 마라.
교훈 2 : 하청으로 창업하지 마라.

이 세 사람은 전형적인 창업실패 패턴이다. 이것은 남의 일이 결코 아니다. 그들처럼 될 위험은 누구에게나 있는 것이다.

회사 문을 닫은 세 사람은 어떻게 되었을까.
처음에 말한 대로 다시 직장인으로 돌아갔다. 그것도 엄청난 빚을 떠안은 채. 주택 융자금을 못 갚은 사람이라면 집을 내놓아야 했을 것이다. 최근에는 경매로 나온 물건이 많아졌다고 하는데 앞으로도 더욱 더 늘 것이다. 경매의 이유는 구조조정에 의한 월급 저하가 첫 번째고, 두 번째는 창업 실패로 융자금 상환이 불가능해졌기 때문인 경우가 많다.

곤란한 일은 절대 일어나지 않는다!

이제부터는 분위기를 바꿔보자!

지금부터는 평범한 사람이 어떻게 성공했는가를 실제 사례를 통해서 구체적으로 설명하려고 한다. 자신에게는 어차피 해당되지 않는 얘기라고 생각하는 사람도 있겠지만, 그런 사고를 가진 사람이라면 무슨 일을 해도 실패하는 전형적인 유형이다. 따라서 먼저 사고방식부터 바꿔야 할 것이다. 어떻게 바꿀 것인가?

<u>'내가 하는 일은 다 잘 된다. 곤란한 일은 절대 일어나지 않는다.'</u>

이것이 일본 제일의 사업가이자, 긴자 일본한방연구소의 창업자인 사이토 히토리 씨의 사고방식이다.

지금 하는 일에 가치를 발견해내는 능력은 누구나 갖추고 있다. 타인의 사례를 보고 어떻게든 뭔가를 얻고자 하는 사람. 처음부터 나와는 관계가 없다고 결론짓는 사람. 이 둘의 인생은 천지차이다.

몇 년 후에는 정리해고의 대상과 톱 5퍼센트의 부유층으로 나눠질 만큼 크다. 즉 성공하느냐 못하느냐는 지금 당신이 적극적으로 생각할 수 있느냐 없느냐로 이미 결정지어진 것이나 다름없다.

앞에서 말한 아베 씨도 독립창업형 바이러스로 고생했던 때 히라에게 이런 상담을 한 적이 있었다.

"제가 회사를 차려도 과연 잘 될지 걱정입니다."

그래서 히라는 이렇게 답했다.

"아베 씨, 앞만 보고 가세요. 자신의 능력을 믿고 적극적으로 밀고 나가세요. 그 수밖에 없어요."

당신은 어떤가? 힘차게 걸어갈 자세는 되어 있는가? 좋다! 그러면 지금부터 목표를 향해 힘차게 나아가기로 하자.

돈도 인맥도 제로에서의 출발

일본 건축업계에서는 '주택시공 순위'라는 것이 매년 6월에 발표된다. 신문사가 주택착공수를 조사하고 발표하는 것이다. 히라의 회사인 엘하우스는 2002년도에 나가노현에서 22위에 랭크되었다. 상위 100개 회사의 총 착공수가 4785개동이었고 전년도에 비해 1000개동이 경기가 하락으로 줄었는데도 불구하고 그런 속에서 쾌거를 이룩한 것이다. 히라가 주요 시장으로 삼고 있는 스와 지방에서는 단연 톱이다.

신문에는 이렇게 보도되었다.

주택건축으로 경이적인 신장을 보인 것은 42개동을 수주하고 갑자기 22위로 랭크된 주식회사 엘하우스(히라 히데노부 사장), 이 회사는 작년에 설립한 회사로 주택건축의 노하우를 담은 소책자를 배포하는 독자적인 영업기법을 전개. 주로 1차 취득자를 대상으로 저비용 주택판매로 성공하고 있다.

이 성적은 회사를 차린 지 2년째의 일이다. 겨우 2년 사이에 그 지역의 1위 업체가 된 데는 그 나름의 특별한 이유가 있다. 히라는 두 가지 방법을 취했는데, 이 방법은 나중에 설명하기로 하고 히라가 성공하기까지의 행보를 우선 짚어 보자.

히라는 22년간 근무했던 지방의 건설회사에서 사퇴하고 2001년 4월에 작은 빌딩의 한 사무실에 회사를 설립했다. 그 무렵 상권이었던 스와 지방은 최악의 불황기였다. 스와 지방에는 엡슨, 치논을 비롯한 제조업, 정밀산업의 대기업이 있고 많은 회사가 그 기업에 매달려 있었다. 어미 거북이가 넘어지자 모두가 넘어져 버리듯이 정밀산업과 밀접한 관계를 가지고 있던 건축회사들도 도산이 잇달았다. 집짓는 사람이 적어지고 규모가 큰 주택건축회사나 주택리모델링업자들도 스스로 문을 닫았다. 그 후 토목건설업도 영향을 받아 오래된 전통 기업들이 도산해 나갔다.

공룡이 기후 변화에 대응하지 못하고 멸종된 것처럼 사회 변화에 대응하지 못한 낙후된 체질의 기업들이 사라져 갔다. 히라는 그런 가운데에서 회사를 설립한 것이었다.

당시는 사원도 없었기 때문에 모든 업무를 혼자서 해냈다. 결국 회사 설립, 면허취득 등을 준비하는 데 반년 정도를 소요했다. 그 사이 전에 근무했던 회사에서 기른 지식으로 주택 건축비를 절감시키는 방법을 매뉴얼로 만들어 판매했다. 매뉴얼의 매출로 운전자금도 늘고 서서히 경영은 안정기에 들어섰다.

그러면 히라가 회사를 설립했을 때 동업자들은 그를 어떻게 보았을까? 나중에 아는 부동산 업자에게 들은 얘기인데 모두가 비웃었다고 한다.

"요즘 같은 불경기에 창업이라니? 대체 무슨 생각이야?"

"전 회사의 고객을 유치하겠다는 거 아냐? 그런 식으로는 금방 망할 텐데."

"1급 건축사라던데 영업은 3급인가 보군."

이런 말을 했던 사람들은 솔직히 후회했을 것이다. 그러나 어떤 의미에서는 그런 반응도 수긍이 안 가는 건 아니다. 신용, 실적, 돈도 없는 회사. 게다가 당시 스와 지방은 불황으로 집 짓는 사람이 눈에 띄게 줄어들었기 때문이다.

첫 진격은 10만 엔의 광고에서 시작되었다!

"고객은 광고 마케팅으로 모여든다."

이것이 히라의 결론이다. 다행이 고객 모집방법은 직장 다닐 때부터 공부해 왔었다. 그보다도 고객 모집방법을 몰랐다면 창업하지 않았을 것이다.

건축업체도 많지만 모두가 이런 저런 광고를 내고 있다. 옛날에는 좋은 일만 하면 일은 얼마든지 있었다. 그러나 큰 규모의 건축 회사들이 속속 생겨나고 나서는 광고 없이 계약을 따내는 일이란 매우 어려워졌다. 좋은 일을 한다는 것을 소비자에게 알릴 방법이 없기 때문이다.

좋은 집은 지을 수는 있지만 어떻게 팔면 좋을지 알지 못해, 고객이 알아서 와 주기만을 기다리는 건축업자들이 많다. 무사는 먹지 않고는 싸움터에도 나가지 않는다. 먹지 않으면 죽게 되고 가족도 부양할 수 없다는 것을 알기 때문이다.

그렇다 해도 광고 마케팅에는 많은 돈이 든다. 따라서 쉽게 광고 전단지를 뿌리거나 온라인 광고도 할 수 없다. 한 번 하는 데 수

십만 엔에서 수백만 엔을 쏟아 붓지 않으면 안 되기 때문이다. 게다가 히라에게는 광고비로 쓸 돈도 없었다. 그래서 당시에 작은 신문광고를 냈고 광고비는 약 10만 엔이었다. 그런데도 광고의 반응률은 상상 이상이었으며 그 가운데에서 한 건의 주택 시공 계약이 이뤄진 것이다. 그것도 회사를 설립한 지 얼마 안됐을 무렵이다. 다행이 히라가 어떤 사람인지도 모르면서 평생 살 집을 맡기는 간 큰 사람이 있었던 것이다. 그 사람은 자동차 영업사원이었는데 덕택에 회사는 궤도에 올라 그에게서 5대의 회사용 차를 구입할 수 있었다.

그리고 2년 후, 엘하우스는 그 지역 건축회사 중 실적 1위 업체가 되었다. 거짓말처럼 영업이익도 향상되었고 더 이상 그를 비웃는 사람도 없어졌다. 오히려 "엘하우스를 견습하고 싶다"는 요청이 밀려들었다.

회사를 설립한 당시에는 솔직히 승산이 있었던 것은 아니다. 만약 실패한다면 집을 팔려고도 마음먹었다. 불안하고 두려웠지만 히라는 자신을 믿고 포기하지 않았다.

히라는 지금 당장이라도 동업 타사보다 5배의 고객을 모을 수 있다. 게다가 광고에 드는 비용은 10분의 1이다. 광고비용이 적은 데는 이유가 있다. 당시에 주택판매 방법은 광고로 집을 파는 원스텝 판매방법이 대부분이었다. 그러나 히라는 '소책자'라는 것을 만들어 광고하고, 자료를 요청해 온 고객에게 영업을 하는 투스텝의 판매방법을 취했기 때문이다. 구체적인 이야기는 나중에 하기로 하겠다.

그와 같이 투스텝 판매방법을 실천해 한 번의 광고로 90건의 가망고객을 모은 주택건축업자도 있었다. 우리도 감히 흉내 낼 수 없을 정도의 굉장한 성과다. 그러나 그것으로 끝이었다. 고객을 모을 수는 있었지만 그 후에는 어떻게 하면 좋을지, 또 어떻게 계약을 성사단계로까지 가져가야 할지 몰랐던 것이다. 결국 1건의 계약도 따내지 못했다. 고객만 모은다고 다 해결되는 게 아니다. 수주할 때까지 일관된 구조가 필요한 것이고, 그러려면 집객과 영업의 두 바퀴를 잘 굴려야 하는 것이다.

엘하우스는 집객만이 아니라 계약 성사 능력도 탁월하다. 두 영업사원이 매달 5건의 계약을 성사시켜서 연간 수주 60개동. 통상 주택업계의 영업사원 한 사람이 1개월에 가능한 계약 평균이 약 0.8개동이라고 한다. 그런 가운데에서 혼자서 2.5개동을 주문을 받는다는 것은 거의 3배의 숫자다.

모두들 대체 어떤 방법으로 수주를 따는 것이냐며 묻는다.

물론 영업 방법 자체가 근본적으로 다르다.

일단 구매를 강요하지 않는다. 오히려 고객 분들에게 "팔아 달라"는 말을 하게 만든다. 한 마디로 말도 안 되는 장사를 하고 있는 셈이다. 왜 그런 고자세의 영업을 하느냐. 거기에는 그만한 이유가 있다.

히라는 회사를 설립하기 전에 먼저 '하고 싶지 않은 일'을 결정하기로 했다. 간다가 해준 조언에 따른 것이다.

"히라 씨, 하고 싶은 일을 결정하려면 먼저 자신이 절대로 하고 싶지 않은 일을 먼저 정해야 해요. 그래야 하고 싶은 일이 더 분명해지니까요."

히라는 생각했다. 그가 하고 싶지 않은 일은 영업이었다. 싫은 고객에게까지 머리를 조아리고 싶지 않다는 단순한 이유에서다. 좋은 고객들도 많지만 세상에는 여러 부류의 사람이 있다. 가격을 깎을 만큼 깎고 나서는 마지막에는 근거 없는 이유를 대고 반품하는 사람. 그런 고객에게도 아무 말 못하고 머리를 숙이면서까지 팔고 싶지는 않았던 것이다.

그러나 집 짓는 것은 아주 좋아한다. 고객이 기뻐하는 모습을 보는 것도 큰 즐거움이다. 단지, 싫은 고객과도 상대해야 하는 게 싫었던 것이다. 그렇다면 '싫은 고객은 내 쪽에서 사절하겠다. 그리고 문의도 회사 안에서 받을 것이며, 애원하는 영업을 할 거라면 차라리 회사 문을 닫겠다'라고 결심했다.

그 생각을 말하자 간다가 말했다.

"그럴 수만 있다면 히라 씨에게는 가장 즐거운 일이 되겠네요? 게다가 집 짓는 것을 좋아하니까요."

"네, 맞아요. 또 만약 그런 건축회사가 생긴다면 획기적일 거라고 생각합니다!"

그렇게 해서 시작한 것이다. 지금도 그 방침은 변함이 없다.

히라는 비상식적인 발상으로 그 지역에서 넘버원의 주택건축회사가 되었다. 3년째인 올해도 파죽지세다. 게다가 집객방법을 지도하는 컨설팅 부문도 회원사가 250개가 넘을 정도로 급성장했다.

톱 5%의 사람과 나머지 95%의 평범한 사람

히라는 22년간 직장생활을 했다. 그렇지만 지금은 주택건축회사의 사장이고 건축업계에서는 선두를 달리는 존재가 되었다. 히라는 말한다.

"설마 내가 톱 5퍼센트 안에 드는 사람이 되리라고는 꿈에도 생각하지 못했다. 평생 직장인으로 사는 게 내 인생일 것이라고 생각했다."

톱 5퍼센트. 별로 들어보지 못한 말일 것이다. 그 의미가 무엇인지에 대해서 지금부터 상세하게 말하고자 한다.

당신의 회사에 100명의 사원이 있다고 하자.

100명 중 5명이 출세하고 나머지 95명이 그들 출세의 토대가 된다. 수입은 어떨까?

100명 중 5명이 연 수입 1000만 엔, 나머지 95명이 400만 엔이 된다.

사립고교에 100명의 학생이 있다고 하자.

그 고등학교는 우수한 학생이 모인 우등반과 보통반으로 나눠져 있다.

우등반에는 5명, 보통반에는 95명이 있다.

우등반 5명을 일류대학에 보내기 위해서는 보통반 95명의 수업료로 운영한다.

다소 과장된 말일지도 모르지만 이것이 사회의 현실이다. 이 구도는 지금이나 예나 다름없다. 공룡시대부터 이어지는 생물에 대한 하늘의 뜻이다. 육식공룡인 티라노사우루스 한 마리를 위해서 초식공룡 트리케라톱스와 스티라코카우루스라는 느린 공룡이 20마리나 필요한 것처럼.

비즈니스 세계도 그와 비슷하다. 톱 5%의 사람을 위해서 나머지 95%의 범인(凡人)이 땀 흘려 일하고 있다. 단지 공룡과는 결정적으로 다른 점이 있다. 초식공룡은 아무리 노력해도 육식공룡이 될 수는 없다. 하지만 사람은 노력에 따라서 톱 5%의 그룹에 들어갈 수 있다. 사람에 한해서만은 실력만 닦는다면 얼마든지 톱 5%에 들 수 있다. 그러나 하늘이 인정해 주는 것은 사람의 모든 능력에 대한 것이 아니라 머리, 즉 '두뇌'에 한한 것이다.

그렇다. 가지고 태어난 용모나 기초체력이라고 하는 부분까지 바꾸는 일은 허용 받지 못했다. 아무리 발모제를 바르고 두피 마사지를 받는다고 해도 대머리가 될 사람은 대머리가 되고, 달리기가 느렸던 사람이 갑자기 빨리 달리는 사람이 될 수는 없는 것이다. 그것만은 어떻게 할 수가 없다. 무정하게도 대머리가 되었을 때는 '대머리에게는 약이 없다'라고 인정할 수밖에 없는 것이다.

당신은 톱 5%에 들어가는 것을 허용 받았다. 문제는 당신이 어느 쪽을 바라느냐다. 열심히 노력해서 톱 5%를 목표로 하겠는가, 지금 이대로 95%로 만족하겠는가.

말도 안 되는 질문을 했다면 가볍게 용서해 주기를 바란다.

당신은 매일같이 아무 생각 없이 일만 할 뿐 느리고 태평한 사람은 아닐 것이다. 이 책을 사서 읽을 정도의 사람이니까 말이다. '지금의 나를 바꿔보고 싶다', '좀 더 많은 월급을 받고 싶다', '앞으로 내 회사를 차리고 싶다'라는 등 매사 적극적이고 긍정적으로 생각하는 사람만이 이 책을 샀을 것이다.

우리는 당신과 같은 사람을 위해서 오랜 시간에 걸쳐 이 책을 썼다. 지금 회사에서 출세하든 독립해서 회사를 차리든 어느 쪽이

든 상관없다. 그러나 한 순간의 꿈으로, 머릿속 생각만으로는 절대 끝내지 마라.

당신처럼 적극적인 사람은 100명 중에 20명은 있다. 그 중에서 얻은 지식을 실행에 옮기고 성공을 거두는 사람은 5명이다. 그 5명이 바로 톱 5%인 것이다. 당신은 반드시 톱 5%의 사람이 되기를 바란다. 결코 돈만이 목적이 아니라 자유롭고 풍요로운 삶을 목표로 가진 사람이기를 바란다.

'주말이면 가족여행을 하고 좋은 호텔에 머문다.'
'룸서비스로 아침 식사를 느긋하게 즐긴다.'
'전철이 혼잡할 때는 지갑 속을 걱정하지 않고 모범택시를 탈 수 있다.'

사소한 일일지도 모르지만 이런 일들이 풍요롭게 사는 것이라고 생각한다. 누구나 원하는 일만 하면서 살 수는 없으며, 현실적으로 돈이 필요한 순간이 꼭 있게 마련이다.

그럴 때 돈이 없다면 어떨까. 돈이 없어 비참해지지 않고 가족을 부끄럽게 만들지 않기 위해서 지금 당신이 할 수 있는 일, 그것을 이야기하려고 한다.

영국 작가인 서머싯 몸이 말했다.

"충분한 돈이 없으면 인생의 절반은 없는 것이나 마찬가지다."

평범한 사람이 톱 5%에 드는 조건 ① 동기

지금부터 이야기할 '동기'는 매우 중요하다.

예컨대, 당신이 독립하겠다는 강한 소망을 갖고 있고, 어떤 업종으론가 사업을 해보겠다는 꿈을 가지고 있다고 하자. 이런저런 궁리 끝에 '라면 집'으로 창업하기로 했다. 그러나 직장을 그만두고 갑자기 '라면 집'을 시작하는 경우, 열이면 아홉은 성공하지 못한다. 왜일까?

"전혀 다른 성격의 업종이라 안 된다는 건가요?"

그렇지 않다. 잘 안 되는 이유는 다른 부분에 있다.

여기에서 생각해야 할 것은 새로운 사업에는 동기가 있어야 한다는 것이다. 동기란 '행동을 결심하는 직접적인 원인'을 말한다. 다시 말해 자신이 어째서 그 일을 하고 싶은가 하는 확고한 의사다. 그것은 그 일이 쉽게 시작할 수 있다거나 돈을 많이 번다는 차원의 얘기가 아니다.

요컨대 당신이 그 일을 통해서 '세상에 어떤 행복을 가져다 줄까?'를 생각하는 것이다.

라면 집을 한다면 '어린아이부터 노인들까지 가족 전부가 라면을 맛있게 먹을 수 있고 건강에도 좋은 라면을 만들고 싶다'는 생각, 이것이 바로 동기다. 동기는 돈이 아닌 곧 마음가짐이다. 동기가 불순한 사람은 절대로 성공하기 어렵다. 결과적으로 성공한다고 해도 성공할 때까지 시간이 많이 걸린다. 왜냐하면 돈벌기 위한 발상과 실적을 올리기 위한 발상은 동기가 곧 원천이 되고 있기 때문이다.

라면 집을 차리는 게 목적이라면 간단하다. 돈을 버느냐 못 버느냐는 별개로 하고, 프랜차이즈에 가맹하면 그것으로 목적은 달성된다. 그러나 내 가게의 라면은 먹으면 즐거워지고 힘이 나는 느낌을 주고 싶다는 동기가 있다면 저절로 맛을 연구하게 되고 새로운 라면을 개발하려고 지혜를 짜게 된다. 그러면 모두가 맛있게 먹을 수 있는 라면이 만들어지고 가게는 번창하게 되는 이치다.

또한 동기를 가지고 있다면 적극적으로 아이디어를 창출해내는 사람으로 변신한다. 따라서 독립하는 동기는 지극히 중요하다.

톱 5%를 목표로 한다면 무엇보다 동기에 대해서 생각하기를 바란다. 물론 억지로 생각한다고 되는 것은 아니다. 당신의 마음속에서 자연스럽게 떠오르는 천연수와 같은 것, 그것이 바로 동기이다.

그러면, 참고삼아 히라의 동기가 무엇인지 알아보자.

"월급이 적은 젊은 부부도 살 수 있는, 값 싸고 좋은 집을 짓고 싶다."

정말 멋지다! 이런 동기가 있다면 어떤 수고도 아깝지 않다. 좋은 집을 지을 수밖에 없다. 그러나 단지 만약 히라가 '저비용의 주택이라면 돈을 많이 벌 것이다. 돈 없는 사람은 얼마든지 있으니까'라고 생각해서 회사를 차렸다면 틀림없이 실패했을 것이다.

동기는 무엇보다 먼저 단단히 세워져야 한다. 그리고 그것은 톱 5%가 되기 위한 첫 번째 조건이다.

평범한 사람이 톱 5%에 드는 조건 ② 집객력
많은 회사들이 경영에 허덕이고 있다.
"세계적으로 불황이니까." 정말로 그럴까?

그렇지 않다. 지금 이 순간에도 돈버는 회사는 얼마든지 있다. 매일 돈버느라 죽을 만큼 바쁜 회사도 있다. 남들이 부러워할 정도로 많은 고객들로 북적이는 회사도 있다.

반면에 불황이라는 말만 들어도 앞으로 더 불경기가 되어 암울한 세상이 될 것이라고 믿는 사람이 있다. 이런 사람이 많으면 회사는 위기에 빠진다. 그리고 이렇게 말한다.

"그것 봐. 나는 이렇게 경기가 나빠질 줄 3년 전부터 알고 있었다니까. 역시 내 예상이 맞았어."

자랑스럽게 떠벌리고 다닌다. 그런 얘기는 주로 모임이나 친척들이 모인 자리에서 이뤄진다. 그리고 마지막에는 가족 앞에서 심각하고 어려운 회사에 다니는 불쌍한 남자를 연기하기도 한다.

이런 연기를 더스틴 호프만이 한다면 부인의 마음을 자극할지 모른다. 그러나 당신이 한다면 가족 모두의 한숨이 늘게 된다. 결국 종착지는 추운 베란다에서 혼자 담배를 피우는 가여운 남자밖에 될 수 없다.

당신에게 한 마디 덧붙이고 싶다. 회사의 실적이 나빠지는 것은 경기 탓이 아니다. 그러면 무엇 때문일까? 회사 자체에 매출을 올리는 기술이 없기 때문이다.

매출을 올리는 기술이란 크게 나눠서 두 가지다.

<u>1. 고객을 모을 수 있다.</u>
<u>2. 상품을 팔 수 있다.</u>

지금은 물건이 안 팔리는 시대라고들 말한다. 맞는 말이다. 좋은 상품을 가진 회사 외에는 고전하고 있는 게 사실이다. 아무리 좋은 상품이라도 팔지 않으면 무용지물이다. 가장 현명한 것은 엉터리로 팔아도 팔려나가는 상품을 만드는 일. 이것이 가장 편하다. 그러

나 그런 상품은 흔치 않으며 만들었다고 해도 수명이 짧고 개발비도 많이 든다. 지금은 상품력에 의존하는 시대가 아니다. 보통 사람이 성공하려면 '보통 상품'을 원하는 고객을 모아야만 하는 것이다.

문제는 효과적인 집객방법을 아는 사람이 거의 없다는 점이다. 그러나 당신이 효과적인 집객방법을 마스터한다면 최고의 값진 기술을 익힌 게 된다.

어떻게 해서? 효과적인 집객방법을 알고 있는 기업은 급성장을 거두기 때문이다. 고객수가 많으면 매출도 쉽게 오른다. 나아가 비즈니스에서 가장 돈이 드는 고객확보 코스트를 줄일 수 있기 때문에 그만큼 큰 이익을 남기게 된다. 집객력은 그야말로 회사에 얼마만큼의 이익을 남길 수 있는가를 좌우하는 가장 중요한 기술인 것이다. 집객력에 대해서는 4장에서 상세하게 다루기로 하자.

평범한 사람이 톱 5%에 드는 조건 ③ 영업력

마지막은 영업력이다.

아무리 고객을 많이 모았다고 해도 판매할 수 없다면 매출은 오르지 않는다.

집객과 영업은 덧셈이 아니라 곱셈이다. 어느 한 쪽이 제로이면 매출도 제로가 된다. 즉, 집객과 영업은 자동차의 두 바퀴와 같다.

어느 한 쪽이 빠져 버리면 제대로 나아갈 수가 없다. 같은 자리를 뱅뱅 돌거나 아무리 가도 목적지에 도착할 수 없다. 목표지점에 도달하기 위해서는 두 바퀴를 균형 있게 갖추는 것이 최단시간에 도착하는 포인트다.

당신이 집객과 영업 기술을 익힌다면 어떻게 될까? 단언하건데 당신의 인생이 달라진다.

너무 과장하는 거 아니냐고 할지 모른다.

그렇지 않다. 당신이 직장인이라면 얼마든지 출세할 수 있고 다니던 회사를 나와 창업한다 해도 단기간에 사업을 궤도에 올릴 수 있다. 바로 우리가 집객력과 영업력, 두 가지를 120퍼센트 활용해 큰 실적을 올려 온 산 증인이다.

"나는 기술파트에서만 일해서 영업이라는 말만 들어도 기운이 빠져······."

그 기분은 안다. 우리도 마찬가지였으니까. 그러나 잘 생각해 보면 많은 사람이 영업을 어려워하는 이유는 한 가지밖에 없다. 그것은 말을 잘해서 상대를 설득하지 못하면 안 된다고 생각하기 때문이다.

사실은 3장에서 이야기하는 영업 기술에는 설득 기술 같은 것은 전혀 없다.

다만 질문을 함으로써 상대의 생각을 끌어내는 방법만 있을 뿐이다. 질문 정도라면 아무리 말이 서투른 사람이라도 충분히 가능할 것이다. 문제는 무엇을 질문하느냐 하는 그 한 가지밖에 없다.

그것은 우리가 가르쳐 줄 테니까 당신은 걱정할 필요가 없다.

결심을 단단히 굳혀라

많은 사람들이 자신은 특별한 능력도 학력도 없고 그저 평범한 사람일뿐이라고 생각한다. 따라서 직장인 노릇이나 하면서 사는 것이라고 대답하는 사람도 있다. 그런 사람은 자신이 하는 일이 아무나 할 수 있는 시시한 일이라고 생각한다. 그러나 그렇게 생각하는 한 자신감은 절대 가질 수 없다. 자신감이 없으면 아무것도 이룰 수 없다.

결국 자신의 일이 시시하다는 것은 당신이 스스로 그렇게 해석하는 것뿐이다. 그 단 하나의 해석이 시시한 당신을 만들어내고 있는 것뿐이다.

지금부터는 자신감을 가지고 활기차게 살고 싶다면 당신은 결심을 단단히 굳혀야 한다.

'내게는 누구에게도 지지 않는 힘이 있다. 그 힘은 나를 어떤 순간에도 지켜줄 것이다.'

앞으로 세상은 예상할 수 없는 많은 일들이 일어날 것이다. 최악의 경우를 생각해서 가장 최선의 길을 모색하지 않으면 안 된다.

직장인에게 최악이란 곧 해고다. 해고될 때까지 회사에서 버틴다는 것도 싫은 일이다. 큰 회사에서는 지하 자료실에 몇 사람씩 넣어놓고 자주적으로 사퇴하기를 기다리고 있다고 한다. 안타까운 일이기는 하지만 그렇게까지 구차하게 버티는 것도 왠지 추하다는 생각이 든다.

'설마 내가……' 그렇게 생각하는 사람이 바로 정리해고의 대상이 된다. 그때 가서 흥분해도 소용없다. 당신이 해야 하는 일은 정리해고의 대상이 되지 않을 만큼의 능력을 갖는 일이다. 또한 해고당한다 해도 혼자서 성공할 능력을 갖추는 일인 것이다. 집객력, 영업력, 이 두 가지만 익히면 전혀 문제없다.

'나는 독립 따윈 않겠다. 지금 회사에서 더 노력하겠다.'

가령 그렇게 결심했다고 하자. 그것은 현명할 결단일지 모른다. 그러나 변화보다는 안정을 선택하겠다는 의도에서라면 아마 잘 안 될 것이다. 왜냐하면 안정이라는 것은 지금 세상에는 더 이상 없기 때문이다. 다시 말해서 변화에 잘 대응해 나가는 사람만이 안정된 삶을 살 수 있다고 할 수 있다.

직장인 생활을 계속하면서 지금 위치에서 자신의 능력을 시험해보고 싶다면 얼마든지 권한다. 대신에 다음과 같이 결심하기 바란다.

'나는 회사에 남겠다. 그러나 안정을 원해서가 아니다. 모든 지식을 흡수해서 회사에 공헌하고 나를 성장시키기 위해서다.'

그리고 시간이 지나고 '나는 독립할 만큼 충분한 기술을 익혔다. 회사에도 공헌했다. 독립 후의 일에 대해서 명확한 동기가 서있다.' 당신이 이렇게 생각할 때가 비로소 기업가의 길을 선택할 때다.

<u>집객력과 영업력을 익히고 회사에 실적을 남긴 당신은 누구에게도 뒤지지 않는 능력 있는 경영자가 되어 있는 것이다. 게다가 명확한 동기도 가지고 있다면 당신이 성공하지 않는 게 이상한 일이다.</u>

성공하는 사람의 5가지 특징

어중간한 마음으로는 절대 창업에 성공할 수 없다는 것을 이제 알았을 것이다. 어쩌면 지금쯤 꿈이 깨져버린 사람도 있을지 모르겠다. 그러나 여기에서 깨질 꿈이라면 독립해도 어차피 성공하긴 힘든 일이다.

직접 창업해 보면 알겠지만, 회사의 틀 속과는 비교도 안 될 정도로 회사와 회사들 사이의 전쟁이 치열하다. 물론 하지 않아도 좋은 싸움이나 수고를 할 필요는 없다. 사람은 수고하기 위해서 태어난 것은 아니다. 그러나 힘들게 고생하든 안 하든 성공자와 실패자는 나눠지게 되어 있다.

그러면 성공자들의 공통되는 특징은 무엇일까?

수많은 기업가들을 보면 성공하는 사람에게는 5가지의 공통점이 있다.

1. 적극적으로 변화하고자 한다.
2. 배움에 열정적이다.
3. 수동적인 삶은 살지 않는다.
4. 솔직하다.
5. 모든 것을 적극적으로 표현한다.

당신은 몇 가지나 해당되는가? 다섯 가지 전부가 자신에게 적용된다면 성공할 자질은 충분하다. 유감스럽지만 하나라도 해당되지 않는 항목이 있다면 성공은 불가능하다. 그러나 고칠 마음만 있으면 문제는 없다. 예컨대 당신이 솔직하지 못하다면 솔직해지면 된다. 그렇게만 하면 된다.

세상에 성공할 수 없는 사람이란 없다. 많은 사람들이 성공하지 못하는 것은 성공하려고 하지 않기 때문이다. 당신이 성공을 원한다면 '성공하겠다'라고 진심으로 생각해야만 한다. 마음 깊은 곳에서 굳게 결심하는 것이다. 굳은 결의가 생겼다면 다음 단계로 진행하기로 하자.

최단기간 성공프로젝트 제2단계

진부한 경험을 황금으로 바꾸는 방법

돈이란 자신의 발끝에 있으며
걸으면 걸을수록 돈이 되는 길이 만들어진다.

현장 경험이 수억 엔으로 바꿔 놓았다!

히라는 주택건축회사를 1년간 경영하고 얻은 성과와 거기에서 얻은 노하우를 매뉴얼로 만들어 전국에 판매했다. 이것이 일본 건축업계에서 유명한 《소예산 고객획득법·주택판매편》이다. 이 책이 엄청나게 팔려 나가 반년 사이에 수억 엔의 매출을 올리고 협력업체의 주가를 200엔이나 상승시켰다. 이 매뉴얼을 처음 만들었을 때는 그렇게까지 많이 팔릴 줄 알았을까? 설마! 자신의 지식이 수억 엔 이상의 가치가 있으리라고는 상상조차 하지 못했다.

판매를 개시하자 사겠다는 사람들이 쇄도했다. 실체험에 근거한 성공 노하우가 필요했던 것이다. 그만그만한 책들에서 뽑아온 탁상공론이 결코 아니다. '읽고 흉내만 낸다면 얼마든지 성과를 올릴 수 있는 방법'이었기에 잘 팔린 것이다.

자신이 해온 일을 노하우로 만들어 판매에 성공한 것은 히라 만이 아니다. 도료를 판매하던 후쿠오카 소재의 소매회사는 지금까지의 판매 노하우, 즉 필요한 기재와 기술, 집객방법을 정리해 도료와 함께 패키지화시켰다. 도료라는 '물건'을 파는 사업에서 도료를 사용해 이익을 올리는 '노하우' 판매 사업을 전개한 것이다. 그 일로 회사는 수십 배의 이익을 남길 수 있었다.

이와 같이 당신이 모를 뿐 매일 일하는 현장에는 당장이라도 현금으로 바뀔 수 있는 자산이 엄청나게 묻혀 있다. 그 자산을 이용하지 않는다는 것은 너무나도 아까운 일이다.

당신이 현장에서 얻은 지식을 세상에 내놓으면 기뻐할 사람도 많고 구제받는 사람도 많다. 당신이 그렇게 하기를 세상 사람들은 기다리고 있는 것이다.

노하우집을 만들어 성공한 사람들은 전혀 새로운 세계, 즉 제로에서 만든 게 아니다. 지금 하고 있는 일에서 노하우를 창출해온 것이고, 현장 경험과 지식을 활용하여 이익을 창출한 것이다.

사업을 할 때 '노하우'를 이용하는 방법은 세 가지가 있다.

첫 번째는, 자사의 영업매뉴얼이다. 이것은 사장이 기뻐하는 일이며 당신이 출세할 수 있는 길이다. 만약 사장이 그 가치를 이해하지 못하는 사람이라면 회사에 남아 있을 의미가 없다.

두 번째는 패키지화해서 동업자에게 판매할 수 있다. 이렇게 하면 실업 이익과 노하우 판매 이익으로 두 가지 수입원이 생기는 셈이다. 복수의 수입원을 가진 회사는 그만큼 강하다.

세 번째는 당신이 독립했을 때 그 매뉴얼대로 하면 성공할 수 있다. 유비무환이라는 사자성어가 있듯이 마찬가지다. 준비도 하지 않고 싸움에 뛰어들면 실패할 것은 뻔하다.

확실히 말해 두지만 회사의 노하우를 죄다 가져오라는 것이 아니다. 그러면 도둑이 되는 것이고 손목에 쇠고랑을 찰지도 모른다. 그게 아니라 자기 스스로 아이디어를 내라는 것이다. 그것을 현장에서 시도해 보고 잘 되면 그 경험을 기록해 둬라. 그것이 당신만의 유일한 노하우가 될 것이다.

'아이디어를 낸다고? 나는 불가능해……'

괜찮다. 어렵게 생각할 필요는 없다. 아이디어를 내려면 어떻게 해야 하는지 그 방법을 가르쳐 줄 것이다. 우선은 매일 반복되는 일 속에서 목표를 가져야 한다.

예컨대,

1. 매출을 20% 올리겠다.
2. 생산성을 두 배로 만들겠다.
3. 원가를 30% 다운시키겠다.

이러한 목표를 세우면 어떻게 하면 목표를 달성할 수 있는가를 생각하게 된다. 그러면 반드시 깨달아지는 게 있다. 그것이 아이디어의 싹이 된다. 나머지는 현장에서 뛰면서 실천하다 보면 그 싹은 마침내 꽃을 피우게 된다. 만약 싹이 꽃을 피우지 못한다면 다른 방법으로 시도해 보면 된다. 이런 과정을 반복하면 저절로 아이디어가 생긴다.

가라데에는 판자를 격파하는 기술이 있다. 크기 30센티에 두께 3센티의 판자를 격파하는데 방법만 알면 초보자도 쉽게 격파할 수 있다. 단지, 안 될 것이라고 생각하면 절대 깰 수 없다. '깨겠다'는 목표를 가져야 한다.

A 씨는 한 번에 쉽게 깼다.
B 씨는 깨지 못해서 발로 깼다.
C 씨는 발로도 깨지 못해서 망치로 깼다.

목표는 판자를 깨는 일이다. 먼저 손으로 깨고, 안 되면 발로 깨고, 그것도 안 되면 망치로 깨면 된다.
세 사람이 같은 목표를 달성했지만 방법은 다르다.
아이디어를 시도해보았지만 잘 되지 않았을 때는 접근 방법을 바꾸면 된다. 시도해본 방식이 통용되지 않으면 새로운 방법으로 시도하는 일, 거기에서 발견과 발명이 만들어지는 것이다.

사람에게는 아이디어가 쉽게 떠오르는 순간이 있다.

1. 자신이 궁지에 몰렸을 때
2. 문제에서 해방되었을 때

당신에게 지금 당장 1만 엔이 없으면 가족이 굶어죽을지 모른다고 하자. 이것은 궁지에 몰린 상황이다. 그때는 안 될 일이지만 은행에 가서 훔치거나, 친구에게 부탁해서 빌려보자는 아이디어가 떠오른다. 그러나 이것은 아이디어가 아니라 도망치는 행동이다. 중요한 것은 당신은 아직 궁지에 몰리지 않았다는 점. 특별히 당신이 1만 엔을 구할 수 없어도 가족이 굶어죽는 일은 없다. 부모에게 가서 빌려도 될만한 돈이다.

"그러나 정말로 궁지에 몰리는 상황은 쉽게 만들어지지 않는다"고 당신은 말할지 모른다. 그러나 쉽게 만드는 방법도 있다. 이 책에 곧 그 방법이 나오니까 실행해 보기로 하자.

또 한 가지는 '문제에서 해방되었을 때'다. 이상한 예이지만 변비가 치유되는 순간 얼마나 개운한가. 그것과 같은 수준의 이야기이다. 하지만 이것도 그다지 해방감을 맛볼 수는 없다. 그렇다면 어떻게 하는 게 좋을까. 이 또한 간단하다. 스스로 문제를 만드는 것이다. 스스로 문제를 만들고 스스로 대답한다. 아이디어를 내는 일은 어렵지 않다. 그러나 아무것도 아닌 곳에서 탁월한 아이디어를 낸다는 것은 천재라도 어려운 일이다.

경험×발상력=아이디어, 라고 한다면……

0×10=0

0×100=0

<u>아무리 발상력이 좋은 사람이라도 스스로 해본 적이 없는 일 속에서는 아이디어가 생기지 않는다. 아이디어라는 것은 당신이 경험해 온 일에서만 탄생되는 것이다.</u>

그렇게 나온 아이디어는 노하우가 되는 것이고 노하우라는 것은 간단해야만 한다. 아무도 어려운 일은 좋아하지 않는다.

거래처로부터 반드시 주문을 성사시키는 전화 화법이 있다면 그것도 노하우다. 카운터에 줄선 고객들에게 피오피 광고를 보이고 추가로 팔 수 있다면 그것도 노하우다. 트럭의 짐을 1시간 걸려서 내렸던 것을 30분으로 단축할 수 있으면 그것도 노하우다. 화장실에 있는 화장지의 연간사용량을 절반으로 만드는 방법이 있다면 그것도 노하우가 될 수 있다. 노하우는 우리 주변 어디에나 굴러다니고 있는 것이다.

단, 뛰어난 노하우라는 것은 금방 효과를 보는 것이어야만 한다.

그 분야의 프로밖에 모르는 난해한 것은 노하우가 아니다. 요컨대 무엇이든 노하우가 될 수 있고 누구라도 노하우를 만들 수 있으며, 원한다면 우리 주변에 얼마든지 있다는 사실이다.

이런 얘기를 하면 "그런 것은 나에겐 무리예요", "나한테는 적용이 안 되는 얘기네요"라고 대답하는 사람이 있다. 해 보지 않으면 알 수 없는데도 하기 전부터 포기해 버리는 것이다. 말하자면 현실을 바꾸고 싶지 않기 때문이다. 지금 이대로 사는 게 더 편하기 때문이다. 달라지려고 할 때는 그 나름의 에너지를 사용해야 하기 때문에 의욕이 없는 사람은 무리일 수밖에 없다. 그러나 당신은 반드시 할 수 있다. 당신과 우리는 그러기 위해서 만난 것이다.

날마다 하는 일 속에 황금이 잠자고 있다

쉽게 부자가 되려면 어떻게 해야 할까? 가장 빠른 것이 강도다. 그러나 평생 도망쳐 다녀야 하기 때문에 그것도 힘든 일이다. 그러면 복권을 사볼까? 그러나 당첨될 확률은 매우 낮기 때문에 또 현실적이지 못하다. 그냥 생각하면 평범한 사람이 갑자기 큰 부자가 된다는 것은 거의 불가능한 일이다.

그러나 당신에게는 우수한 자질이 있다. 무슨 자질이냐? 물론 남보다도 돈을 많이 벌고 성공한 사람이 될 자질이다. 그래서 당신은 지금 평범한 사람도 성공할 수 있는 조건을 찾고 있는 것이다. 그것을 알고 싶어서 이 책을 읽고 있는 것이다. 그러면 타인은 무엇을 하고 있을까?

그들은 이미 포기했다. "나 같은 사람이야 평생 이대로 살다가 끝나겠지. 그래도 괜찮아……." 이렇게 자위하며 비극의 주인공처럼 술에 절어 살아간다.

이런 사람은 대부분 자신이 생각하는 대로 이뤄진다. 그래도 스스로 평생 이대로도 좋다고 원했던 일이기에 어쩔 수 없다. 그러나 당신은 다르다. 스스로를 바꾸려고 한다는 것은 훌륭한 일이다. 이번 장에서는 지금까지의 경험과 지금 하고 있는 일이 돈이 된다고 말할 것이다. 보통은 지극히 이상한 얘기들이다. 그런 얘기는 지금까지 아무도 한 적이 없다.

보통 돈이라는 것은 땀 흘려 일해서 버는 것이라고 생각한다. 직장인이면 근무시간을 채워 월급을 받고, 경영자라면 좋은 상품을 고객에게 파는 것이 일반적인 돈버는 방식이다.

그러나 돈버는 방법이란 노동력과 서비스에 대한 대가만이 아니다. 당신이 현재 하는 일과 지금까지의 경험이 곧 돈이다.

<u>돈이란 당신의 발끝에 있으며 걸으면 걸을수록 돈이 되는 길이 만들어진다.</u> 얼마나 멋진 일인가? 현장에서 얻은 지식이 돈이 된다. 그렇게 생각하면 지금 당신이 하고 있는 일 자체도 결코 불필

<u>요한 것이 아니다. 지금 하고 있는 일, 그 일속에 바로 큰돈을 움켜쥘 힌트가 있는 것이다.</u>

지식이 당신의 깨달음에 무한한 가치를 제공한다

분명히 말하지만 노하우는 현장 안에 있다. 그러나 그것만이 아니다. 두뇌를 사용해 지식을 얻는 일도 필요하다.

어떤 일일까?

지식을 얻기 위해서는 현장에서 배우는 방법과 책에서 얻는 방법 두 가지가 있다. 양쪽의 지식을 균형 있게 얻는 일이 중요하다.

구마모토현에서 형사를 지냈던 노모토 야스히데라는 경영 컨설턴트가 있다. 노모토 씨는 고등학교를 졸업하고 경찰관이 되었다. 그렇게 몇 년을 경찰관 생활을 경험한 후 형사가 되었다고 한다. 대체로 형사가 경영 컨설턴트가 된다는 것은 비상식적이다. 보통은 경호원이나 탐정을 지내는 게 대부분이다.

그러나 노모토 씨는 뛰어난 경영 컨설턴트로서 일본 전국을 날아다니고 있다. 수염 난 얼굴에 초롱초롱한 눈이 어디에 있어도 금방 알아 볼 수 있다.

노모토 씨는 의뢰 현장을 답사하는 일이 많다. 문제해결의 열쇠는 현장에 있다는 생각에서다. 그는 형사시절, 사건 현장에 수백 번 이상 갔었다. 빈집털이 사건으로 현장에 가면 빈집털이범의 눈이 된다고 한다. 빈집털이범이라면 어떻게 할까 가정해서 현장검증을 하는 것은, 형사로서가 아니라 범인으로서 현장을 보면 보이지 않던 것도 볼 수 있음을 알기 때문이다.

컨설턴트도 마찬가지다. 쇼핑센터 재건이 목적이라면 컨설턴트의 눈이 아니라 고객의 눈으로 점포를 살펴본다. 그러면 왜 팔리지 않는지를 쉽게 알 수 있다. 물건이 팔리지 않는다고 고민하는 경영자들이 많다. 그렇지만 원인을 모른다. 그것은 고객의 눈높이로 보지 못하기 때문이다. 그럴 수만 있으면 개선의 힌트는 얼마든지 발견할 수 있는 것이다.

이것은 당신이 만들고자 하는 노하우의 실마리가 당신이 속한 현장에 있는 것과 같다.

먼저 현장에서 감을 잡고 그런 다음 머리를 써서 탐사하라. 사건 해결에는 그 나름의 지식이 필요하다. 그렇지 못하면 현장에서 많은 것을 깨달아도 더 이상의 발전이 없다.

뛰어난 노하우를 만드는 것도 마찬가지다. 멋진 깨달음도 지식이 없으면 그저 생각만으로 끝나 버린다. 그러므로 당신도 공부해서 앞으로 나아가기 위한 지식을 익혀야 한다.

"공부? 이제 와서 무슨 공부…… 공부하기 싫어서 대학도 안 갔는데!"

그렇게 말하는 사람도 있을지 모르겠다. 그러나 앞으로 얘기하는 내용을 실천한다면 굉장한 일이 일어난다. 돈을 버는 것뿐 아니라 당신의 인생까지도 달라진다.

그래도 공부를 안 하겠는가?

학교 공부가 싫었던 것은 우리도 마찬가지다. 학창시절에 배운 방정식은 사회에서 사용하는 일은 거의 없다. 따라서 그것은 '어린이 공부'다.

당신이 앞으로 할 것은 '어른 공부'. 이 공부법을 익히면 당신이 사는 곳에 원자폭탄이 떨어져 황폐한 들이 된다고 해도 얼마든지 살아갈 수 있을 것이다.

두뇌를 사용하면 수입은 천정부지

지금부터는 머리를 써서 돈버는 법에 눈 떠야 한다. 머리를 쓰는 것은 몸을 쓰는 일보다도 다섯 배는 피곤한 일이다.

그러나 조금만 생각해 보자.

땀 흘려 돈버는 것도 멋진 일이고 중요한 일이다. 일한 후의 맛보는 술 한 잔의 즐거움도 있다. 그러나 한계가 있다. 무슨 한계인가? 바로 수입의 한계다.

육체노동이란 몸을 움직여야 하는 세계라서 아무리 노력해도 수입의 한계는 정해져 있다. 몸 하나로 수천만 엔의 돈을 번다는 것은 프로야구선수나 축구선수가 아니면 어렵다. 그 세계에서도 돈을 많이 버는 선수는 몇 사람밖에 없는 것이 현실이다. 그러면 머리를 써서 돈버는 일은 어떨까? 결코 한계가 없다. 수입은 천정부지. 1년에 10억? 결코 꿈이 아니다.

서민이 프로야구선수의 연봉을 들으면 깜짝 놀란다. "연봉이 7억이라고? 와~!" 선망과 부러움의 찬탄사가 쏟아진다. 3천만 엔의 선수, 1억 엔의 선수, 프로야구의 세계에는 얼마든지 있다. 우리 두 사람은 3년 전까지만 해도 우리가 가질 수 있는 돈이라고는 정말 생각하지 못했다.

그러나 지금은 큰소리로 말할 만큼은 못 되지만 이전의 10배 이상은 벌고 있다고만 말해 두겠다.

어떻게 단기간에 이런 수입을 올릴 수 있었을까? 그것은 '어른 공부'를 하고 성공하기 위한 지식을 습득했기 때문이다. 평범한 사람이 성공하려면 공부밖에 없다. 그러나 무작정 하는 것은 의미가 없다. 어른 공부에는 방식이 있다.

<u>단기간에 결과를 거두기 위해서는 가장 효율적인 방법으로 공부해야 한다. 그렇지 않으면 쉬운 길도 돌아가게 되고 성공에 이른다는 것은 아주 힘들어진다.</u> 평범한 사람은 나태한 사람들이 많다.

우리가 그 중의 대표적이다. 그래서 나태한 사람이라도 단기간에 지식을 습득할 수 있도록 공부해야 하는 것이다.

사람은 욕심으로 공부한다

히라는 학창시절에 공부를 잘했냐 하면 그렇지 않다. 중학교 때는 그럭저럭 하는 편이었다. 그러나 고등학교에 들어가고 나서는 완전히 바닥으로 떨어졌다.

만화와 기타로 밤을 새기 일쑤였고 성적은 학년에서 항상 두 번째. 물론 두 번째라는 것은 뒤에서 두 번째를 말한다. 학교에 가도 거의 잠만 잤다. 미래의 꿈같은 것은 없었다. 한 마디로 말하면 '싹이 노란 학생'이었다고 해도 과언이 아니다.

결국 본격적으로 공부를 시작한 건 38세부터였다. 다니던 회사의 실적이 악화되었을 때부터다. 무슨 수를 쓰지 않으면 월급도 받을 수 없다는 위기감이 들었고 그래서 공부를 시작한 것이다.

히라의 실적이 급격하게 향상한 데는 물론 이유가 있다. 공부방법, 정보수집방법이 타인과 근본적으로 다르다. 사람은 성공한 사람을 관찰할 때 겉모습밖에 보지 않는다. 즉 결과만을 보고 감탄하거나 존경하거나 모방하기도 한다. 그러나 정말로 모방하고자 한다면 그 사람의 내면을 봐야만 한다. 공부방법과 정보수집방법, 이것이야말로 내면의 부분이다.

이를테면 1억 엔의 연봉을 받는 타자가 되고 싶을 경우, 보통은 일본 최고의 프로야구 선수인 이치로나 마츠이의 폼을 흉내 낸다. 그러나 아무리 노력한다 해도 똑같은 결과는 나오지 않는다. 마츠이나 이치로이기 때문에 가능한 것이다. 결과를 내기 위해서는 폼을 흉내 낼 것이 아니라 어째서 그런 폼으로 하는지를 모방하는 게 1억 엔의 선수로 가는 지름길인 것이다.

그러면 공부에 들어가기 전에 당신에게 한 가지 질문이 있다. 당신은 무엇을 위해서 공부하는가?

"갑자기 물어 보니 뭐라고 답해야 하나……. 당신이 공부가 중요하다고 하니까 해볼까 하는 거죠." 이렇게 되면 곤란하다.

목표가 분명하지 않으면 공부는 계속할 의미가 없다. 사람은 의미가 없는 일에는 노력할 수가 없다. 주스를 사려면 가게로 가고, 라면을 먹으려면 라면 집으로 간다. 목표가 정해지면 원하는 것은 무엇이든 손에 넣을 수 있다.

"돈벌어서 사랑하는 여자랑 맛있다고 소문난 것은 다 먹으러 다니겠다. 이런 목표도 괜찮은가?" 물론 괜찮다. 사람은 욕심에 따라 움직이도록 되어 있다. 그러나 그 후 어느 정도 수입이 되고 지위에 오르면 그 시점에서 목표는 달라진다. 따라서 처음 한 걸음은 좋은 차를 갖고 싶다, 집을 갖고 싶다, 그 정도의 목표라도 상관없는 것이다. 현실적으로 우리도 회사를 나와 독립한 지 2년째에 집을 짓고 고급차를 샀기 때문이다.

단, 목표는 머릿속에 있는 것만으로는 절대 안 된다. 잊어버리기 때문이다. 보물지도(꿈 지도)를 만들거나 목표를 종이에 쓰고 눈에 잘 보이는 곳에 붙여야 한다. 누가 볼까 창피하다면 노트에 써도 좋고 휴대전화에 기록해도 좋다. 쓰는 이유는 자신과 약속하기 위해서다. '○○을 달성하기 위해서 나는 공부한다'라고.

목표를 설정했다면, 좋다! 그러면 '평범한 사람을 위한 히라식 공부법'을 지금부터 배워 보기로 하자.

히라식 초간단 공부법

당신이 배울 것은 크게 나눠서 세 가지다.

1. 초고속 지식습득법
2. 아이디어 초발상법
3. 지식현금화법

먼저 성공한 사람은 지식을 머릿속에 어떻게 넣는지를 보기로 하자. 그 다음에는 지금 하는 일을 통해 매출에 직결되는 아이디어 초발상법을 습득하기로 하자. 마지막으로는 배운 지식을 실제로 현금화하는 방법에 대해서 배우기로 하자. 그러면 먼저 최단시간에 지식을 얻는 방법부터 시작하겠다.

① 초고속 지식습득법

한 마디로 말해 지식은 책을 통해 얻어진다. 좋은 책을 빨리 발견하고 필요한 지식을 빨리 찾는 것뿐이다. 거듭 말하지만 우리가 말하는 방법은 쉽고 간단하다. 너무나 간단하기 때문에 맥 빠질지 모르겠다. 하지만 결코 가볍게 던지는 게 아니다.

책을 읽는 것은 간단하다. 그러나 많은 사람은 한 권 읽는 데도 빨라야 하루, 늦으면 1주일이나 걸리는 일도 있다. 그렇게 되면 지식을 빨리 습득할 수가 없다.

사실 히라도 포토리딩 홀마인드 시스템(The PhotoReading Whole Mind System), 즉 사진을 찍듯이 정보처리를 하기 때문에 몇 배나 빨리 책을 읽을 수 있는 방법을 익히기 전까지는 한 권 읽는 데 일주일 정도가 걸렸다.

밤에 침대에 누워 읽다가 몇 페이지도 못 읽고 잠들어 버리는 일들이 많았다. 하지만 지금은 다르다.

히라가 회사에서 책을 읽었을 때의 일이다.

"사장님, 회사 돈으로 책 사셨죠. 그러면 꼼꼼하게 좀 읽으십시오. 그렇게 빨리 빨리 넘겨버리는데 제대로 읽어지겠어요?"

입 바른 현장감독의 말이다.

"읽는 게 아냐. 그렇게 빨리 못 읽지."

"그러면 뭐 하시는 겁니까?"

"후루루 넘기면서 필요한 지식만 찾는 거야."

사실은 한 권의 책 속에서 알고 싶은 지식이라는 것은 4퍼센트 정도밖에 없다고들 말한다. 저자가 주는 중요한 메시지는 겨우 4퍼센트. 장시간에 걸쳐서 한 권 전부를 읽는 것보다도 사용할 수 있는 4퍼센트의 지식이 어디에 숨어 있는가를 빨리 발견하는 쪽이 효율적이라는 것이다.

현장감독에게 말했다.

"자네가 하는 일도 그래. 현장에 가면 무엇을 보나? 도면과 다른 부분이 없는지 생각하면서 보겠지. 그래야 발견할 수 있어. 틀린 부분을 찾아내려고 하지 않으면 절대 찾을 수 없는 거야."

당신이 알고 싶어 하는 것은 당신 눈앞에 있다. 단지, '내가 알고 싶은 것은 ○○이다'라고 자신에게 들려주지 않으면 원하는 것은 결코 발견할 수 없다. 우리는 한정된 시간 속에서 해답과 힌트를 찾아야만 한다. 시간이 남아돌아서 책 읽는 게 아닐 것이다. 앞으로의 시대는 중요한 지식과 정보를 일찌감치 캐치하는 사람만이 승리한다.

책을 빨리 읽을 수 있게 되면 한 가지 폐해가 있다. 책을 많이 사게 된다는 점이다. 월급이 적은 직장인에게는 사소한 문제가 아니다. 그래서 직장인 시절에 한 달이면 20권 정도를 읽었다는, 회계사 무소를 경영하는 오카모토 시로 씨에게 물었다.

"책을 빨리 읽게 되면 책을 많이 사게 되는데요. 하지만 직장인은 경제적인 여유가 없잖습니까. 어떻게 하면 좋을까요?"

"다른 데다 돈을 안 쓰면 되죠." 화끈한 대답이다.

오카모토 씨는 월급이 11만 엔일 때도 매달 2만 엔어치의 책을 사서 읽었다. 그 풍부한 지식량으로 문제를 빨리 해결하는 화제의 컨설턴트로서 전국적으로 활약 중이다.

다시 한 번 자신에게 무엇이 중요한지 생각하자. 책을 읽는 것이 중요하지 않다면 사지 않아도 된다. 중요하다고 생각하면 다른 일에 돈쓰지 말고 책을 사라. 이것이 답이다.

그러면 어떻게 하면 책을 빨리 읽을 수 있을까. 히라식 속독법의 포인트는 두 가지다.

<u>1. 좋은 책을 빨리 만난다.</u>
<u>2. 알고 싶은 부분을 빨리 찾는다.</u>

먼저 좋은 책을 만난다

"당신은 책을 선택할 때 어디를 봅니까?"

"타이틀이죠."

"그 다음은?"

"저자 프로필."

"그렇죠. 그 다음은?"

"머리말을 읽고 그 다음에 본문을 조금 읽습니다."

대부분의 사람이 대략 이 순서대로 책을 선택한다. 그러나 그 전에 해야 할 일이 있다. 그것은 자신에게 질문하는 일이다. '나는 어떤 책을 찾고 있는 거지?'라고.

'나는 돈버는 기술이 담긴 책을 찾고 싶다.'

하지만 그것만으로는 너무 막연하고 시간도 많이 걸린다. 좀 더 질문을 좁히기로 하자.

'고객에게 홍보 메일을 보내고 싶다. 고객의 마음을 움직이는 메일 쓰는 법을 마스터할 책'. 이제야 질문이 구체적이게 되었다. 단언컨대 상품 구입을 권유하는 홍보 메일은 예문집을 읽는다고 해서 도움 되는 게 아니다. 단순한 흉내로는 절대 고객의 마음을 잡을 수 없다. 사람의 마음은 그렇게 단순하지 않다.

뛰어난 건축가는 의뢰자의 집을 지을 때 다른 건축가의 작품은 참고하지 않는다. 그러면 무엇으로 힌트를 얻는 것일까?

바로 회화, 즉 그림이라고 한다. 모네의 그림, 피카소의 그림, 등을 보고 상상을 부풀리는데, 말하자면 한 장의 그림에서 한 채의 집을 창조한다는 얘기다.

'힌트를 얻으려면 상상력이 중요한 건 알겠는데, 내게 그런 능력이 있어야지'라고 생각할지 모르겠다. 그러나 잘못된 생각이라는 것을 해 보면 알 수 있다.

책을 선택할 때 좋은 방법이 있다. 지금 자신이 곤란한 일, 불안한 일, 화나는 일, 그것들을 해결할 수 있는 책을 찾는 것이다. 그러면 최단시간에 자신에게 필요한 책과 만날 수 있다. 감정에서 만들어진 상상력으로 책을 찾을 수 있기 때문이다.

앞에서 말했던 것처럼 자신에게 질문하는 방식은 좌뇌를 사용한 방법이다. 다시 말하면 홈페이지를 찾는 검색엔진과 같은 방식이다. 그러나 상상력으로 찾는 방법은 우뇌를 사용한 방법이다. 이른바 냄새를 맡고 동물적인 감으로 찾는 방법이다. 좌뇌는 검색엔진이기 때문에 한 번에 찾지 못하면 다음번으로 연기하면 된다.

하지만 우뇌는 다르다. 우뇌는 연중무휴로 움직인다. 당신이 의식하지 않아도 필요한 책을 언제라도 계속해서 찾는 것이다. 게다가 업종 등을 막론하고 모든 분야에서 찾아내려고 한다. 따라서 상상력으로 책을 찾는 일이 중요한 것이다.

먼저 서점으로 가서 책 가판대 앞에 서보자. 헤아릴 수 없는 책들이 즐비하게 늘어서 있다. 먼저 좌뇌를 사용해 자신에게 구체적인 질문을 던져 보자. '고객의 마음을 움직일 수 있는 메일 쓰는 법을 알려주는 책은 없을까?' 그리고 우뇌도 사용한다. '지금 안고 있는 불안과 분노와 고민을 해소할 책은 없을까?' 감이 오는 책만을 손에 들고 저자의 약력을 본다. 그리고 '머리말'을 읽는다.

여기에서 피해야 할 것은 구경이나 하자는 생각으로 서점에 가서 막연하게 흥미로운 책을 잡는 일이다. 그렇게 되면 읽는 도중에 다른 책으로 눈을 돌리게 되고, 본래 찾고 싶었던 책을 찾을 때까지 이곳저곳을 헤매게 된다. 정보가 넘쳐나는 지금 이때 그런 방식으로 책을 찾았다가는 당신의 목적을 이뤄줄 책은 평생 만날 수 없을 것이다.

마음에 걸리는 글자를 찾는다

위의 방식으로 읽어야 할 책을 찾았다고 하자. 그러면 이제 책을 읽어 보자. 책을 읽을 때는 집중하지 않으면 안 된다. 여기에서 집중한다는 것은 긴장을 푼다는 의미다. 사람은 긴장을 풀었을 때 비로소 집중할 수 있다.

히라식 독서법에서는 처음부터 마지막 페이지, 마지막 한 낱말까지 읽는 것이 아니다. 책을 읽을 때는 마음에 걸리는 키워드를 찾는 게 좋다. 읽는 것이 아니라 찾는 것이다.

　책을 읽는 목적은 '고객의 마음을 움직이는 홍보 메일을 쓰려면 어떻게 해야 하는가?'이다. 이 질문을 스스로에게 던지면서 찾는다. 그러면 키워드가 되는 말이 금방 떠오른다.

　<u>키워드를 찾았으면 그 부근을 2~3줄 읽는다. 이 과정을 반복한다. 대체로 이 방법으로 한 권을 읽는 데 1시간 걸린다. 찾아낸 키워드를 다 읽은 후에는 마인드맵으로 정리한다.</u>

　마인드맵이란 머리에 떠오른 발상을 중앙에서 가지 모양으로 펼쳐 나가면서 쓰는 노트 작성법인데, 간단하게 예를 들어 설명해 보겠다.

　'행복'을 주제로 간단하게 마인드맵을 작성한다고 하자. 먼저 줄이 없는 커다란 백지와 연필을 준비한다. 중앙에 '행복'이란 키워드를 적고 '행복'하면 떠오르는 낱말들을 가지를 치듯 하나씩 적는다.

　즉, 행복의 핵심단어인 단란한 가족, 형제, 술 등은 주제를 나타내는 '주가지'에 해당하는데, 주제를 좀 더 명확하게 하기 위해서 주가지에는 또 다시 '부가지' 즉, 부주제를 써넣는다. 예컨대, '자동차'라는 주제에 이어지는 부주제는 BMW, 볼보, 폭스바겐, 재규어 등이 될 수 있을 것이다.

　오른쪽처럼 종이 위의 모든 가지에다 머리에 떠오르는 세부사항들을 계속해서 써나가면 마인드맵이 완성된다.

행복을 주제로 만든 마인드맵

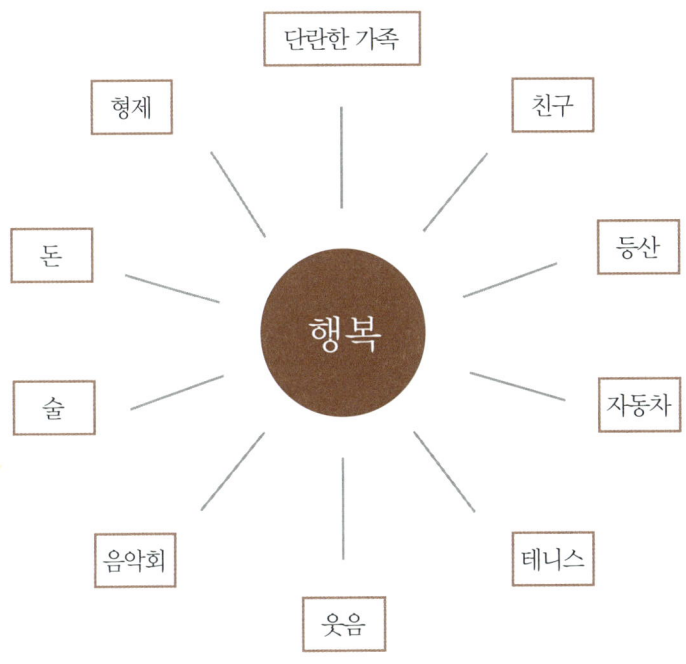

주부의 마음을 주제로 히라가 만든 마인드 맵

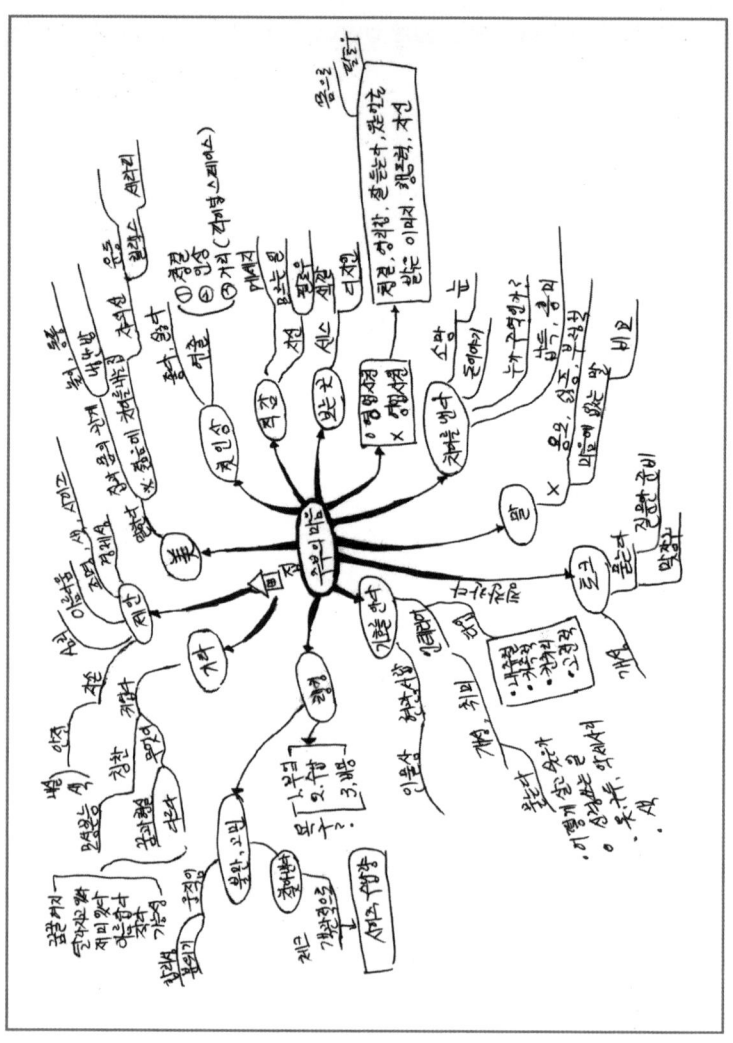

히라가 주부의 마음을 주제로 만든 마인드맵은 왼쪽과 같다.

이렇게 한 권의 책을 정리하는 시간은 약 20분이다.

그저 이것뿐이다. 물론 하루에 걸쳐서 천천히 음미하면서 읽는 책도 있어야 한다. 그러나 시간이 승부인 우리는 보통의 방식으로 책을 읽었다가는 성공은 저만치 멀어지고 만다.

<u>책을 읽을 때는 읽는 목적을 구체적으로 결정하고 마음에 걸리는 키워드를 찾는다. 그리고 그것을 마인드맵으로 정리한다.</u>

② 아이디어 초발상법

최근 "간다 씨는 천재다"라는 말을 많이 듣는데 당치도 않다. 당신처럼 평범한 사람이다. 물론 일류대학도 나왔고 MBA도 나왔고 외교관을 지내기도 했다. 하지만 좌절할 때도 있었고 나락으로 떨어진 것처럼 낙담할 때도 있었다. 어디에 가든 언제나 내 위에는 또 다른 위가 있게 마련이다. 어느 분야, 어느 위치에나 나보다 뛰어난 사람은 꼭 있다.

"그러면 두 사람은 어떻게 성공한 거죠?"라고 물을지 모르겠다. 좋은 질문이다. 거기에 대한 답은 너무도 간단하다. 남이 생각하지 못한 아이디어를 낼 수 있었기 때문이다. 그리고 그 방법을 사용했기 때문이다.

성공하기 위해서 '아이디어'는 매우 중요하다. 그러나 어떤 천재라도 세상에 없는 것을 창조할 수는 없다. 애니메이션계의 거장으로 알려진 미야자키 하야오조차 완전한 제로에서 스토리를 구상할 수는 없다고 한다. 〈센과 치히로의 행방불명〉은 이상한 나라의 앨리스를 모티브로 하고 있고, 〈원령공주〉는 히라가 살고 있는 이웃 마을을 참고로 하고 있다. 그만큼 뛰어난 아이디어를 제로에서 생각하기란 어렵다는 의미다. 여기에서는 평범한 사람이라도 뛰어난 아이디어를 도출해내는 방법을 이야기하려고 한다. 평범한 우리가 성공한 것은 이 아이디어 초발상법을 알고 있었기 때문이다.

아이디어 1000개 노크

뛰어난 아이디어는 땀 흘리지 않으면 얻을 수 없다.

"네? 달리는 겁니까? 몇 키로요? 다이어트에는 제격이겠군."

"그렇지 않다. 이것은 다이어트 책이 아니다. 머리에 땀나는 것을 말한다."

야구선수가 매일 1000번씩 배팅하는 연습을 한다고 해서 만들어진 '1000개 노크'라는 말이 있다.

그것을 여기에서 할 것이다.

그러나 걱정할 것은 없다. 스파이크도 글로브도 필요 없다. 당신의 머리 하나만 있으면 그것으로 충분하다. 야구는 몸을 사용하지만 우리는 머리를 사용할 뿐이다. 이 방법으로 굉장한 아이디어가 떠오를 것이다.

먼저 아이디어를 떠올릴 때는 혼자서 생각하는 방법과 팀으로 생각하는 방법이 있다. 어떤 방식을 선택할 텐가?

<u>혼자서 아이디어를 창출할 때는 앞에서 설명했던 것처럼 마인드매핑 기법을 사용하면 된다. 사람의 뇌는 방사선모양으로 생각하도록 되어 있다. 따라서 그 모양을 앞에서 설명한 것처럼 그대로 종이에 옮기는 게 바로 마인드맵이다.</u>

예컨대 건축 코스트를 삭감하기 위해 아이디어를 내는 경우를 예로 들어보자. 먼저 중심에 목적을 쓰고, 키워드가 되는 말을 생각해 중심 주변에 쓴다. 예컨대 유통, 기능공의 수고, 경비 등. 한 가지 키워드가 나오면 그 말에 관련한 말을 생각한다. 그리고 키워드를 더욱 더 세분화해 나가는 것이다. 그러면 계속해서 아이디어가 떠오른다. 나오지 않으면 다음 키워드로 옮겨가면 된다. 이 과정을 되풀이하는 방식이다.

이렇게 만들어진 마인드맵은 여러 가지에 활용된다.

<u>만약 당신이 매일 일기처럼 마인드맵 다이어리를 만든다면 '인생관리 도구'가 될 수 있으며, 자아에 대한 객관적인 안목이 길러지고 자아분석에 도움이 된다. 공부할 때도 마인드맵으로 노트를 작</u>

성하면 생각이 정리되고 기억력 향상은 물론 분석력과 창의력을 촉진시킨다. 업무적으로는 연설문이나 프레젠테이션, 글쓰기, 회의나 세미나 준비, 기획서 작성에 효과적이다. 이번 기회에 마인드맵(토니 부잔의 《The mind map book》 참조)을 꼭 한번 활용해 보자.

1:29:300의 법칙

아이디어를 낼 때는 키워드가 중요하다. 예컨대 암벽등반을 할 때도 제일 먼저 발판이 될만한 작은 돌이나 도랑을 찾듯이 아이디어를 이끌어낼 때도 우선은 키워드가 필요하다.

'1:29:300의 법칙'이라는 말을 들어본 적이 있을 것이다. 다른 말로는 하인리히의 법칙이라고도 한다. 건설과 관련해서 흔히 사용하는 법칙으로 1건의 사망사고 뒤에는 29건의 중대한 실수가 잠재되어 있고, 29건의 중대한 실수 뒤에는 300건의 작은 실수가 있다는 법칙이다. 이 법칙이 멋지게 적용된다.

한 가지 주제에서 뛰어난 아이디어를 창출하기 위해서는 29건의 중요한 키워드가 필요하다. 29개의 중요한 키워드를 계기로 300개의 아이디어를 낸다. 그 가운데에서 최고의 아이디어가 탄생되는 것이다.

다음 페이지의 표를 참조하자.

29개의 키워드는 업계에 따라서 다르지만 참고삼아서 적어 본다. 키워드는 브레인스토밍 개발자인 오스본의 체크리스트를 참고로 하고 있다.

1. 달리 사용할 길은 없는가(지금 상태에서 새로운 사용법은? 개선, 개량해서 사용하는 길은?)
2. 응용한다면(그 외에 비슷한 것은 없는가? 과거에 비슷한 것은? 뭔가 모방할 수 없는가? 누가 따라할 수 없을까?)
3. 수정한다면(변화는 줄 수 없는가? 의미, 색, 움직임, 냄새, 양식, 형태 등을 바꿀 수 없는가?)
4. 확대한다면(보다 높게? 보다 두껍게? 보다 길게? 과장은? 크게 한다면?)
5. 축소한다면(뭔가 줄일 수 없을까? 보다 낮게? 보다 짧게? 보다 얇게? 생략? 가볍게 한다면?)
6. 대용한다면(다른 소재는? 다른 장소는? 다른 동력은? 남에게 맡긴다면?)
7. 각색한다면(요소를 교체하면? 다른 레이아웃은? 다른 순서는?)
8. 반대로 한다면(뒤로 향한다면? 상하를 바꿔본다면? 입장을 바꾼다면? 반대 사실을 말한다면?)
9. 조합한다면(브랜드? 품목? 합작은? 목적을 결합한다면? 아이디어를 결

합한다면?)

10. 목적을 바꾼다면(의미를 바꾼다면?)

11. 원인과 결과를 서로 바꾼다면?

12. 강하게 하면(약하게 하면?)

13. 모방한다면(누구 모방?)

14. 가격을 바꾼다면(싸게 하면? 비싸게 하면?)

15. 말하는 방식을 바꾼다면(적극적으로 표현한다면?)

16. 분해한다면(분할하면?)

17. 형태를 바꾸면(구부리면? 늘리면? 단단하면? 녹이면? 연결하면? 비틀면? 원래 어땠었지?)

18. 타깃을 바꾸면(나이를 바꾸면? 직업을 바꾸면?)

19. 교체하면(성분을 교체하면? 방향을 바꾸면?)

20. 리얼하게 하면(즐겁게 하면? 슬프게 하면? 화나게 하면?)

21. 새롭게 하면(예스럽게 하면?)

22. 시기를 바꾸면(시간을 바꾸면? 계절을 바꾸면? 시간을 길게 하면? 시간을 줄이면?)

23. 증거를 제시하면

24. 장소를 바꾸면(방향을 바꾸면?)

25. 정리하면(정돈하면? 청소하면?)

26. 싸우면(도망치면? 지면? 이기면?)

27. 횟수를 많게 하면
28. 최종적으로 어떻게 하고 싶은가
29. 안 하면(팔지 않으면?)

일본에서 유명한 '리포비탄 D'는 마시면 원기가 솟는다는 청량음료수다. 이 음료수는 기본적으로 남성이 마신다. 이것을 여성에게도 판매하고 시장을 확대시키기 위해서는 어떻게 하면 좋을지 생각했다. 여기에서는 '부가한다면'이라는 키워드로 발상하기로 했다.

여성이 타깃층이므로 미용 리포비탄 D, 리포비탄 D 후레쉬, 등 다양한 의견이 나왔다. 그러나 아무리 해도 '이것을 마시면 원기가 솟는다'는 인상이 너무 강하다. 여성들은 가게에 가서 사려고 해도 점원들에게 '이것을 마시고 뭘 열심히 할 건데?' 하는 눈으로 비춰질 것 같아 왠지 사기가 꺼려지는 것이다.

그리고 최종적으로 결정된 이름은 '소아용 리포비탄 D'다. 아이들을 위해서 사간다는 동기를 부가한 것이다. 결과는 어땠을까? 물론 엄청나게 팔려나갔다. 뛰어난 아이디어란 이런 식으로 발상하는 것이다.

다음에는 혼자서 하는 마인드맵을 기초로 해서 팀으로 아이디어를 내는 방식을 살펴보자. 회사에서 하는 경우에는 다른 부서의 사원도 함께 참여시켜야 한다는 점이 중요하다. 영업사원만이 아니라 기술사원이나 사무원에게서 날카로운 아이디어가 나오는 경우도 있기 때문이다.

이때 다음과 같이 말하는 사람이 있다.

"관계없는 사람들의 말은 듣고 싶지 않다."

"실무와는 거리가 먼 사람이 현장 일을 어떻게 알겠는가."

그러나 해보면 알겠지만 예상치 못한 부분에서 아이디어가 생기는 경우가 많다. 전문분야가 아닌 사람이 객관적인 시각에서 문제 해결책을 찾는 예는 종종 있다. 그러므로 모두가 함께 아이디어를 내는 것이 중요하다.

실제로 클립을 가지고 회의를 해본 적이 있다. 주제는 클립을 다른 용도로 사용할 수 있을까, 하는 것이었다. 이런 경우 혼자서 생각하면 좀처럼 아이디어가 떠오르지 않는다. 그러나 팀으로 하면 한 사람이 내놓은 의견이 발단이 되어 아이디어가 잇달아 나오게 된다. 누군가가 '구부리면 어떨까?'라는 키워드를 내놓으면, 그 다음에는 '연결하면?', '늘리면?', '말면?', '비틀면?' 등으로 여러 가지 아이디어가 나오기 시작하는 것이다. 이것을 '그룹 다이내믹스'라고 부른다. 한 사람의 아이디어보다 두 사람, 두 사람보다 세 사람의 아이디어라는 의미다.

나아가 팀으로 할 때는 아이디어를 서로 내는 학습방법인 브레인스토밍(Brainstorming)을 이용하면 좋다. 기존 개념에 사로잡히지 않고 새로운 발견을 목적으로 하는 미팅법이다. 브레인스토밍에 대해서는 아는 사람도 많겠지만, 우선 간단하게 설명해 두면 기본적인 규칙은 4가지다.

<u>1. 의견에 대한 비판과 평가는 절대로 하지 않는다.</u>
<u>2. 자유분방하고 엉뚱한 발상을 환영한다.</u>
<u>3. 질보다도 양을 중시한다.</u>
<u>4. 의견을 조합하거나, 향상시키는 의견은 환영한다.</u>

이 규칙에도 있듯이 절대로 해서는 안 되는 것은, 나온 아이디어에 대해서 비판하는 일이다. 비판받으면 뇌가 닫혀 버리기 때문이다. 의견은 모두 수용하는 것, 이것이 철칙이다. 가령 누군가의 제안이 시시하더라도 안이하게 비난하는 것이 아니라 거기에서 한 단계 더 발전된 대안을 제시할 수 있어야 한다. 대안을 내지 못하는 사람에게도 비판할 자격은 없다.

아이디어를 내기 위해서는 항상 적극적인 마음이 없으면 안 된다. 모든 것을 긍정적으로 보고 적극적으로 표현하고 나타내는 것을 '리프레밍'이라고 한다. 예컨대 DM을 발송하고 고객이 반드시 열어볼 수 있도록 아이디어를 생각한다고 하자. 사장이 젊은 사원에게 아이디어를 내보라고 지시했다.

"나라면 전력회사에서 '정전 고지'라는 봉투가 온다면 반드시 열어 보겠어요."

"멍청한 소리. 우리는 전력회사가 아니라 건강식품을 팔려는 거야."

이런 식으로 화내서는 안 된다. 긍정적인 사람이라면 다음과 같이 발상한다.

"그래! 고객은 DM을 보면 또 물건 파는 것인 줄 알고 버리겠지. 그러면 회사명을 인쇄하는 대신에 '이 봉투를 여신 분은 10년 더 젊어집니다'라는 문구를 넣는다면 어떨까. 분명히 흥미를 끌 것 같은데?"

이러한 작은 발상이 거듭되다 보면 획기적인 아이디어가 탄생된다. 비판적인 발상으로는 그 어떤 아이디어도 만들어지지 않는다. 그러나 긍정적이고 적극적인 발상으로는 무한한 아이디어가 파생되는 것이다.

그러면 지금부터는 한 가지 주제를 가지고 함께 아이디어를 내보기로 하자. 언뜻 간단해 보이지만 그렇지도 않다. 함께 아이디어를 구상하고 몇 개가 나왔는지 세어 보기로 한다.

10, 20, 50, 100······.

"와~, 상당히 많이 나왔는데. 좀 더 없습니까?"

"네? 이젠 더 없어요."

그렇지 않다. 이제부터가 시작인 것이다. 더 나올 게 없다. 더 이상은 무리다. 거기에서 더욱 더 아이디어를 짜내야 한다. '산고(産苦)'라는 말이 있다. 말 그대로 엄청난 아이디어란 쉽게 나오는 것이 아니다. 야구선수가 매일 1000번의 배팅 연습을 한 뒤 쓰러지기 직전의 상태, 바로 그때 진짜 아이디어가 솟구치는 것이다.

잘 생각해 보자. 쉽게 나온 아이디어란 결국 누구나 생각할 수 있다는 의미다. 전부 꺼내놓았을 때 그제야 비로소 상상 이상의 아이디어가 나올 수 있는 것이다.

이 점을 모르면 무익하고 잡다한 아이디어만 늘어놓게 된다. 그러므로 마지막 피칭이 중요하다.

하지만 아무리 생각해도 아이디어가 안 떠오를 때가 있다. 그때는 어떻게 해야 할까?

우선 일단락 짓는 것이다. 그리고 자라. 이것이 가장 좋다. 이때 절대 해서는 안 되는 행동이 있다. 술을 실컷 마시고 자버리는 일이다. 이렇게 되면 모든 게 끝이다. 필사적인 노력이 물거품이 되고 만다. 머리가 완전히 숙성된 후에 좋은 아이디어가 만들어지기 때문이다. 생각할 만큼 생각한 후에 뇌는 숙성된다. 아이디어라는 것은 숙성시간에 번뜩이는 경우가 많다.

회의를 할 때면 아무리 머리를 쥐어짜도 좋은 의견이 전혀 안 나올 때가 있다. 하지만 점심을 먹다가 '그렇다면 이런 것은 어떨까?', '맞아. 그런 방법이 있지'하고 갑자기 해결책이 떠오르는 경우가 있다. 그러나 이것은 우연이 아니다. 머리가 숙성되었기 때문에 만들어진 아이디어인 것이다.

누구나 머리를 지나치게 사용하면 술 한 잔으로 피곤을 풀고 싶을 것이다. 그러나 술을 마셔 버리면 머릿속이 재시동 되어 버린다. 따라서 마감시한이 있고 아직 아이디어를 꺼내지 못했을 때는 술을 삼가야 하는 것이다.

마지막으로 획기적인 아이디어는 우수한 두뇌에서 나오는 게 아니다. 아이디어를 합리적으로 내는 방법을 알고 있고, 아이디어를 내기 쉬운 환경을 컨트롤할 수 있는 사람의 뇌에서 만들어진다. 아이디어라는 것은 끝이 없다. 당신에게 생각할 마음이 있는 한 무한한 것이다.

③ 지식현금화법

초고속 지식습득법과 아이디어 초발상법, 이 두 가지 방법을 공부했어도 지식을 현금화하지 못하면 의미가 없다. 그러면 이제부터는 얻은 지식을 현금화하는 방법을 배우기로 하자.

논리상으로는 뜬구름 잡는 것처럼 느껴질 수도 있으므로, 우선이 방법들을 사용해서 성공을 거둔 청년의 얘기부터 시작해 본다.

나가노현의 스와시에 오노 히로시라는 남자가 있다. 그는 가스 회사에 근무하고 있고, 그곳에서 가스 신규개척 영업을 하고 있었다. 특별한 능력도 특별한 실적도 아직 없었다. 이른바 지극히 평범한 직장인이다. 한 가지 다른 점이 있다면 연구하는 것을 좋아하는 성격인 그는 어떻게 하면 압도적인 숫자의 신규고객을 확보할 수 있을까 고심하고 있었다.

보통 가스 영업이라는 것은 신축을 앞둔 주택을 방문해서 애원 방식의 영업으로 계약을 따는 게 정해진 패턴이다. 그는 생각했다.

'다른 회사 영업사원과 똑같은 방식으로 했다가는 고객의 마음을 사로잡을 수가 없다. 좀 더 쉽게 좀 더 많은 고객을 모을 방법은 없을까……'

그때 독특한 영업방법이 떠올랐다. 팔러 가지 않아도 고객이 자발적으로 "가스 계약을 하고 싶으니 와 주세요"라고 부탁하게 하는 방법이었다. 고객에게 영업하는 게 싫었던 그는 DM만으로 고객과 친해졌고, 자기 쪽에서는 절대 팔러 가지 않고도 신규고객을 획득하는 방법을 만들었다. 덕택에 가스 신규고객은 계속해서 늘어났다.

어느 날 그는 생각했다.

'이렇게 고객의 마음을 잡을 수 있다면 다른 상품도 가능하지 않을까?'

그래서 발견한 것이 주택이었다. 주택이란 지어보지 않으면 품질을 알 수 없는 상품이다. 그 점은 곧 주문을 따낼 수 있느냐 없느냐는 품질이 아니라 고객과 얼마나 친밀한 관계를 쌓느냐에 달려 있다는 데서 창안한 것이었다. 고객의 집을 방문하지 않아도 시스템 적으로 고객과 친밀해진다면 영업력이 없는 작은 주택건축회사라도 얼마든지 수주를 따낼 수 있을 것이다.

그날 밤부터 주택판매를 위한 노하우 개발 작업에 들어갔다. 업무 중에 써놓은 영업 방법과 마케팅, 심리학책에서 얻은 지식을 참고삼아 하나의 매뉴얼로 정리하기로 했다.

신혼임에도 불구하고 4개월 동안이나 매일 밤 철야했다. 매일같이 일에만 몰두하고 집에 잘 들어가지 않아 이혼 위기도 세 번이나 있었다고 한다. 누적된 피로로 건강을 해쳐서 두 번이나 쓰러진 적도 있었지만 결국 그는 매뉴얼을 완성시켰다. 핵심 내용은 아파트 주인들을 자사의 가망고객으로 삼는 방법이었다. 그는 그 노하우에 '노 영업 고객획득법'이라는 이름을 붙였다. 그리고 그것을 매물로 내놓았다.

'영업을 하지 않고도 집을 파는 노하우가 있습니다'라는 제목으로 건축회사에 메일을 보내서 영업을 시작한 것이다.

그 후 이 노하우는 전국에서 판매되고 수천만 엔의 이익을 내게 되었다.

그는 큰돈을 수중에 넣은 후 '닥터 툴'이라는 중소기업을 지원하는 회사를 만들었다. 자신의 영업방법이 주택판매에도 응용된다는 점을 깨달은 날부터 약 1년 후의 일이었다.

앞에서 지금 하는 일 속에서 금맥을 발견하려면 현장에서 힌트를 찾고, 공부하라고 말했었다. 그는 말 그대로 현장에서 단서를 발견하고, 책에서 지식을 습득하고, 그 지식을 매뉴얼이라는 형태로 만들어서 현금화한 것이다.

'정말 그렇게 잘 될까?' 당신은 그렇게 생각할지 모른다. 산 증거로 평범한 사람인 그가 해냈다. 모든 것은 당신에게 달렸다. 결코 어렵게 생각해서는 안 된다.

또 한 가지의 성공패턴이 있다. 당신이 주유소 점원으로 일하고 있다고 하자. 사원 A 군이 하는 일은 고객 차에 기름을 넣어주는 것이다. 하지만 그것으로 끝이다. 자신의 발전에 대한 생각은 전혀 하지 않고 어서 근무시간이 끝나기만을 기다린다.

당신은 기름을 넣으면서 어떻게 하면 고객에게 습기제거제를 팔 수 있을까, 세차를 하게 할 수 있을까 생각한다고 하자. 여기에서 적당한 영업 화법을 생각해낸다면 판매는 얼마든지 가능하다.

그리고 그 화법을 정리하면 매뉴얼이 완성되는 것이다.

전국의 주유소에 '세차율 30퍼센트 향상! 마법의 한마디!'라는 노하우를 소책자로 만들어 영업을 다닌다면 그 반응은 상당할 것이다(소책자에 의한 영업 방법은 4장에서 상세하게 설명한다).

당신이 경험하고 느낀 사실과 생각해낸 아이디어, 그리고 데이터를 반드시 종이에 써두자. 나중에 매뉴얼로 만드는 데 큰 도움이 될 것이다. 즉, 당신의 경험을 글로 정리하라는 것이다.

"글은 잘 못 쓰는데……."

괜찮다. 우리도 글을 잘 썼던 것은 아니다. 간다는 선생님에게 "마사노리 너는 글을 안 쓰는 게 좋겠다"는 말을 들었을 정도다. 그만큼 딱딱하고 재미없는 글을 쓰던 남자였다. 그러나 그는 현재 출간하는 책마다 베스트셀러 작가가 되고 있다.

히라는 고교시절의 국어 성적이 '양'이었다. 하지만 그런 그도 요점을 포착해 이해하기 쉬운 노하우를 쓸 수 있었다. 자신이 몸소 실천해 온 일이기에 쓸 수 있는 것이다. 소설이나 에세이를 쓰라는 말이 아니다. 사실을 있는 그대로 쓰기만 하면 된다. 당신이라고 해서 불가능할 리가 없다.

깨닫는 힘을 길러라

실제로 당신이 가치 있는 노하우를 만들고자 한다면 '깨닫는 힘'이 중요하다.

<u>현장에서 깨닫는 힘, 책을 읽고 깨닫는 힘. 아무것도 깨닫지 못하고 그저 멍하게 있는 사람에게는 천사는 미소 짓지 않는다.</u>

어떻게 하면 남보다도 많이 깨달을 수 있을까?

깨닫기 위해서는 목표를 명확히 하는 게 좋다. 당신은 일에 있어서 어떤 목표를 설정하고 있는가?

"나는 정해진 시간 동안 일하면서 그 속에서 좋은 아이디어가 생긴다면 좋겠다……."

가령 이 정도의 목표라면 아무것도 깨닫지 못한 채 정년을 맞게 된다. 물론 성실한 근무 태도가 나쁘다는 의미는 아니다. 개근상을 받는 것도 훌륭한 일이다. 액자에 넣고 노후의 즐거움으로 삼을 수도 있다. 하지만 슬프게도 정리해고의 대상은 정확하게 근무시간을 채운 성실한 사원이 더 많다. 왜일까?

회사의 입장에서는 사원이 근무시간 동안 성실하게 일하는 것은 당연한 일일 뿐이다. 그 이상의 것을 원한다. 회사는 처음에는 이런 사실을 말하지 않는다. 그러나 당신에게 회사에서 나가달라고 할 때 비로소 입을 연다. 그때는 이미 늦은 것이다.

당신이 지금 해야 할 일은 일하는 목표를 더 구체적으로 정하는 일이다. 예컨대 이런 목표를 내건다면 어떨까?

"오늘 내로 하루에 10명을 고객으로 삼을 수 있는 전화 화법을 만들겠다."

그러면 목표에 관한 여러 가지 깨달음이 얻어지고 스스로 정한 기일까지 완성되는 이상한 경험을 하게 된다. 거짓말이 아니다. 당신에게 약속하겠다. 명확한 목표를 갖게 되면 인생은 그 순간부터 호전되기 시작한다.

기업에서도 마찬가지다. 경쟁사에 지지 않으려고 이익을 올리는 것만 생각하면 눈이 흐려지고, 동업자에게 판매 노하우가 있어도 알아차리지 못한다. 즉 발밑에 1000만 엔이 떨어져 있어도 못 보고 지나치게 된다. 그렇지만 '동업자에게 영업 노하우를 제공하는 컨설팅 사업을 해보겠다'라고 목표를 설정하는 순간, 회사 안에서 무수한 깨달음이 얻어지게 되는 것이다.

현재의 일을 소중히 여기고 자신을 믿어라

"일이 재미있으면 더 적극적으로 할 텐데……."

이렇게 말하는 사람이 의외로 많다. 특별히 할 일이 없으니 어쩔 수 없이 한다고 말하는 사람도 있다. 그렇듯이 지금 자신이 하는 일이 정말로 좋아서 하는 사람은 그다지 많지 않아 보인다. 실제로 일의 재미를 느끼는 사람은 그 숫자가 아주 적다.

축구 선수는 "당신에게 축구란 어떤 것입니까?"라는 질문을 가장 싫어한다. 마찬가지로 소설가는 "당신에게 소설은 어떤 의미입니까?"라고 묻는 기자가 있으면 그 사람을 때려주고 싶어진다는 말도 들었다.

<u>취미로 일하는 사람은 없다. 먹고 살기 위해서 일하는 것이다. 그리고 당신이 지금의 일을 선택한 것은 단순한 우연이 아니다. 뭔가 의미가 있다, 반드시.</u>

레스토랑을 경영하기 전에는 제조공장 직원이었던 사람도 있고, 컨설턴트가 되기 전에는 형사였던 사람, 작가가 되기 전에는 전과자였던 사람도 있다.

세상에는 여러 부류의 사람이 있다. 자신이 하던 일로 창업하는 사람도 있고, 새로운 분야로 뛰어드는 사람도 있다. 설사 지금은 어쩔 수 없이 하는 일이라고 해도 누구에게나 불필요한 경험이란 없다. 반드시 장래에 당신에게 어떤 식으로든 도움이 되는 때가 온다.

제조공장에 다니던 어떤 직장인은 레스토랑을 경영하게 되었고, 그 후 조리공정을 기계화해서 프랜차이즈 조성에 성공한 사람이 되었다.

어떤 형사는 컨설턴트가 되었고, 그 경험을 살려 작가가 되었다. 어떤 전과자는 형무소 내의 상황을 글로 써서 소설가가 되었고,

TV에도 출연하고 연기자로서 활약하고 있다.

간다도 외자계 기업에서 대형냉장고를 판매하던 때가 있었다. 솔직히 좋아서 했던 일은 아니다. 과중한 개인 할당량에, 계속해서 해고당하는 상사들을 보면서 위기감도 느껴야 했고, 명절 때 반품 때문에 호출당해 간 적도 있다.

간다는 '세계 최고의 MBA를 졸업한 내가 왜 냉장고를 팔아야 하는 걸까?'하고 갈등할 때가 많았다. 그래도 어떻게 하면 냉장고를 더 많이 팔까를 늘 연구했다. 한겨울 밤에 혼자서 광고 전단지를 붙이고 다닌 적도 있다. 그렇게 해서 현장을 돌아다닌 결과 '다이렉트 레스폰스 마케팅'이라는 판매노하우를 확립할 수 있었다. 그리고 큰 성공을 거둘 수 있게 되었다.

<u>내일의 성공을 위해서는 지금 하는 일에서 힌트를 찾아야 한다. 우리도 그렇게 해왔다. 당신이 지금 하고 있는 일은 절대 불필요한 것이 아니다. 그것만은 당신의 머릿속에 반드시 새겨두기 바란다.</u>

범인과 천재는 종이 한 장 차이

"간다 씨도 히라 씨도 자신을 평범한 사람이라고 하지만, 역시 남보다도 뭔가 특별한 점이 있었으니까 성공했겠죠?"

그것은 모르겠다. 그러나 잘 생각해 보자. 원래부터 재능이 있었을까? 가령 있었다고 해도 큰 차이는 없었을 것이다. 재능으로 성공한 사람은 스스로 자신의 재능을 자각하고 있을 뿐이다. 이것을 단순한 자의식 과잉이라는 사람도 있다.

어떤 의미에서는 맞는 말이라고 생각한다. 그 증거로 나는 안 된다, 자신이 없다는 사람이 성공했다는 얘기를 들어본 적이 없다. 스스로 '나는 천재일지 모른다'고 착각하는 사람이 더 잘 되는 게 세상이다. 재능이란 그 정도의 의미일 뿐이다.

결국 자신의 단점을 자각하고 그것을 스스로 장점으로 바꿨기 때문에 성공한 것이다. 자신의 단점을 장점으로 바꾸는 것은 간단하다. 그것을 좀 더 얘기하기로 하겠다.

장점을 단점으로 바꾼다

영업사원이 어느 날 갑자기 실적이 올랐거나, 부장이 갑자기 부하직원들을 잘 관리하고 이끌게 되었다고 하자. 이유는 무엇일까?

월급이 올랐기 때문이 아니다. 자신에 대한 이미지를 바꿨기 때문이다.

사람은 누구나 자신에 대한 이미지를 가지고 있다. '나는 상품을 파는 제안형 영업사원', '나는 부하들에게 일 할 의욕을 불러일으키는 능력 있는 관리자'. 주부라면 '나는 요리를 잘 한다, 사랑스러운

아내다'라고 생각하는 것을 '자기이미지'라고 한다.

사람은 의식을 안 해도 스스로 그린 이미지대로 되어 버린다. 이것이 사람의 특성이다. 따라서 자기이미지를 바꾸면 얼마든지 원하는 자신이 될 수 있다. 영업성적을 올리고 싶다면 톱 영업사원을 자신의 이미지로 삼으면 된다. 그렇게 해서 정말로 매출이 향상되는 경우를 많이 봐왔다.

정말로 자기이미지만 바꿔도 실적이 향상할까 의심스러울지 모르겠다. 하지만 정말이다. 예컨대 당신이 보험 영업사원이라고 하자. 자신을 보험 영업사원이라고 생각하면 단순하게 '보험 상품을 파는 사람'이 되어 버린다. 대신에 자기이미지를 '가족을 위기로부터 지키는 ○○봉사자'라고 한다면 어떻게 될까. 당신은 가족을 위기로부터 구원하는 정의의 사자가 되는 것이다. 그 결과 고객과 만났을 때 상황은 다음과 같이 바뀌게 된다.

(전)

"오늘은 굉장한 보험 상품을 설명 드리러 왔습니다."
"전 필요 없어요. 돌아가세요."

(후)

"자녀분이 한창 공부해야 할 시기에 혹시라도 남편 분께 일이 생기면 자녀분들도 고생이고 가족 전체가 힘들어집니다. 그럴 때를 대비해 학비로 적립하면서 유사시에 보험금도 받을 수 있는 보험이 있습니다."

"뭔데요? 자세하게 가르쳐 주세요."

물론 이후의 대화 내용도 완전히 달라진다. 영업사원은 전혀 물건을 팔지 않고도 계약을 따낼 수 있다. 물건 파는 영업사원은 고객 입장에서 보면 귀찮은 존재에 지나지 않는다. 당신만은 그렇게 되지 않기를 바란다.

물론 히라의 회사에는 그런 취급을 받는 사원은 한 사람도 없다. 모두 각각의 자기이미지를 가지고 있기 때문이다.

육아 전문가, 자녀교육 연구가, 주거환경 전문가, 정리정돈 전문가 등. 따라서 판매 노하우를 가진 영업사원이 아니라도 집만 잘 파는 것이다.

자신의 이미지를 바꾸라는 말이 어쩌면 단순한 말놀음인 것처럼 여겨질지도 모르겠다. 하지만 결코 그렇지 않다. 말이 가진 힘은 참으로 위대하다고 해도 과언이 아니다. 단 한 마디로도 사고의 스위치가 완전히 뒤바뀌는 일은 얼마든지 있다.

자기이미지를 만들려면 먼저 자신을 정의하는 표현이 중요하다. 그러면 당신의 사고회로는 얼마든지 전환이 가능하다. 지금 곧 자기이미지를 만들어보자. 일단 속는 셈치고 자기이미지를 자신의 머릿속에 다시 세팅해 보라. 반드시 변화가 생길 것이다.

평범한 회사도 잘 나가는 회사로 변신할 수 있다!

그러면 개인만이 아니라 회사도 변신할 수 있을까?

물론, 얼마든지 가능하다. 생각해 보자.

"고객은 당신 회사의 상품을 왜 살까요?"

이렇게 물으면 대부분의 사람은 "모르겠어요. 특별한 것도 없는데……"라고 대답한다. 그렇지만 좋은 점이 하나도 없는데 고객이 과연 살까? 그렇지 않다. 스스로는 깨닫지 못하지만 뭔가 좋은 점이 있기 때문에 고객은 돈을 써주는 것이다. 그 요인은 디자인일까 아니면 가격일까? 그것도 아니면 영업사원 때문일까? 회사의 전통일까? 자사의 '장점'이란 어떻게 하면 알 수 있을까?

방법은 간단하다. 고객에게 물어 보면 된다.

가령 당신이 사적으로 "저의 장점은 무엇입니까?"라고 고객에게 물으면 고객은 황당해 할 것이다. 하지만 회사가 앙케트를 하는 중이라며 의견을 묻는다면 아무런 문제가 없다. 그렇게 하면 자사의 강점과 약점을 알 수 있다. 그리고 약한 부분을 강점으로 바꾸면 된다.

히라는 회사를 설립했을 때부터 자사의 약점을 잘 알고 있었다. 그것은 주택건축회사 이미지가 약하다는 점이었다. 주택건축회사를 보는 세간의 이미지는 어떨까?

"주택건축회사? 뭔가 믿을 수 없는 곳이야", "분명히 가격도 부풀려서 말할 거야" 등.

이러한 이미지들을 바꾸지 않으면 성공할 수 없다고 생각했다. 그래서 회사의 자기이미지 즉 '회사명'을 '○○협동조합', '○○과 미용을 생각하는 모임'과 같은 것으로 하기로 했다. 우리가 소속된 '고객획득실천회'도 그와 같다.

그래서 히라는 '저비용 주택연구회'라는 명칭을 붙인 것이었다. '자녀를 키울 때는 자기 집이 더욱 필요하다. 수입이 적은 젊은 부부도 살 수 있는 싸고 좋은 집을 짓기 위해서 주택코스트를 30% 삭감하는 연구를 하고 있다.' 이런 캐치프레이즈로 회사의 이미지를 부여했고 작전은 멋지게 들어맞아 신용도 실적도 없는 주택건축회사가 주문을 따낼 수 있었다. 평범한 주택건축회사가 변신한 포인트는 '저비용 주택연구회'라는 이름에 있었던 것이다.

경쟁회사들은 '싼 집을 파는 회사'. 히라의 회사는 '주택 생산비 삭감을 연구하는 기관'이라는 이미지로 자리잡았다. 이런 작은 차이가 결과적으로 큰 차이를 불러일으킨 것이다. 상호는 구청에 신고하지 않아도 오늘부터라도 자유롭게 지을 수 있다. 그 이름은 그만 사용하겠다 생각하면 금방이라도 그만 둘 수 있다. 손쉽고 간단하며, 게다가 판촉효과는 탁월하다.

당신을 빛내기 위한 기회 잡는 법

사람에게는 활약이 두드러지는 시기가 있다. 생각해 보자. 연기자들도 평생 동안 연기하는 사람은 많지 않다. 정치가도 마찬가지다. 한 가지 분야에서 영원히 군림할 수 있는 사람은 거의 없다고 해도 좋다. 크게 성공했던 사람도 말년에 가서 이름을 더럽히는 사람도 많다. 어차피 인생이란 성공하기도 하고 실패하기도 하는 사이클이라는 게 있다. 그것은 어떤 사람에게나 평등하게 찾아온다.

시기는 각기 다를 수 있지만 기회는 누구에게나 평등하게 찾아온다. 기회라는 이름의 천사는 평생 당신 앞에 세 번은 찾아온다고 말한다. 아무 생각 없이 살다가는 눈앞에 있는 천사도 못 보고 지나칠 것이고, 그의 인생은 허무했던 삶으로 종지부를 찍게 된다. 실제로는 이런 사람들이 더 많은 게 현실이다.

물론 그와는 반대로 쉽게 천사를 붙잡아 젊은 나이에도 큰 명예와 부를 누리며 출세하는 사람도 있다.

이 둘의 차이는 도대체 어디에 있는 것일까? 기회의 천사를 못 보는 사람에게는 특유의 입버릇이 있다. "나는 이대로도 괜찮아."

이런 말을 마음속으로 주문처럼 외고 다닌다.

어떤 인생이든 그 사람 스스로 만족하고 행복하다면 그것으로 충분하다. 사람의 인생은 가지각색이니까. 그러나 이 책을 손에 쥔 당신은 기회를 잡고자 원하고 있다. 지금까지의 모습대로 끝나리라고는 생각하지 않을 것이며 결코 바라지도 않을 것이다. 그런 당신이기에 기회를 확실하게 잡는 비책을 얘기해 주려고 한다.

히라에게는 좌우명이 있다.

'지식을 탐욕으로 흡수하고 열정적으로 살자.'

이 말은 식당에서 아르바이트를 할 때 함께 일했던 와세다 대학의 선배에게 처음 들은 것이다. 그때까지만 해도 그 선배와 사이가 아주 나빴는데, 아르바이트를 그만 두던 날 아침(주인집에 함께 합숙했었다)이었다. 모두가 자고 있는 사이에 아무도 깨지 않도록 슬쩍 나가려고 했을 때였다. 그 선배가 이불속에서 "히라! 지식을 탐욕으로 흡수하고 열정적으로 살아라!"라고 소리쳤다.

히라는 일순간 몸에 전기가 온 듯 움직이지 못하고 서 있었다. 그만큼 충격적인 말이었다. 아마 그 시간은 1초도 안 되었겠지만 히라는 매우 긴 시간처럼 느꼈다. 그때의 말이 지금도 귀를 떠나지 않고 그대로 그가 평생 가져 갈 말이 되었다.

히라는 '지식을 탐욕으로 흡수하고 열정적으로 살라'는 이 말 속에서 기회를 확실하게 움켜잡기 위한 중요한 포인트가 있다고 말한다.

크게 다음 세 가지다.

1. 항상 지식을 흡수하겠다는 자세를 잊지 않는다.

평소부터 알고자 하는 마음이 중요하다. 강한 호기심을 항상 갖고 사는 것이다. 자신의 일에 관계된 일만이 아니라 세상의 모든 것에 대해서 깊이 이해하고 지식을 흡수한다. 마치 스펀지가 물을 빨아들이듯이 지식을 자기 안으로 빨아들이는 것이다. 그러면 시야가 넓어지고 기회를 잡기도 쉬워진다.

2. 타인에게 의존하지 않는다.

기회를 스스로 잡으려면 열정이 필요하다. 언젠가 타인이 제공해 주겠지 하는 생각은 절대 안 된다. 가령 타인이 기회를 주었다고 해도 그것은 당신 자신이 타인에게 의존하지 않는 강한 인간이기 때문에 주어진 것이다. 모든 것은 자기에게 달렸다.

3. 매사 능동적으로 바라본다.

대부분의 사람은 어려운 일을 앞에 두면 불가능한 이유를 먼저 만들어 버린다. 이것은 일종의 사람만이 가진 특기이기도 하다.

"나는 앞으로 대통령이 되겠어"라고 말한 청년이 있다고 하자. 평범한 사람은 "말도 안 되는 소리 마. 하여간 너는 허황된 소리도 참 잘해"라며 어이없다는 듯 대꾸한다. 그러나 기회를 잡는 사람은 이렇게 말한다.

"그럼 될 수 있지. 단, 2백 년 정도 걸릴지 몰라. 좋아, 그 시간을 단축하는 방법을 생각해보자."

이런 식으로 발상한다.

<u>무엇이든 반드시 가능한 일을 전제로 생각한다. 그 다음에 장해가 될 일을 하나씩 무너뜨려 나가는 것, 이것이 "그 무엇도 불가능한 일은 없다"는 말의 핵심이다. 기회를 잡는 사람은 이 점을 본능적으로 실행하고 있는 것이다.</u>

간다에게 이런 말을 한 사람이 있었다.

"저는 컨설턴트가 되고 싶습니다. 하지만 이 업계는 학력이 모든 것을 말해주는 세계더군요. 사회적으로 보면 저는 학력이 정말 보잘것없습니다. 그러니 역시 저는 안 되는 거겠죠."

보통으로 생각하면 그 말이 맞을지 모른다. 그렇다면 이렇게 생각하면 어떨까.

'학력을 보고 판단하는 사람과는 만나지 않겠다. 그런 사람은 현장을 모르는 사람이니까, 어떤 노하우를 제공해 줘도 결국 사용하지 못할 것이다. 그보다는 내 실적을 제대로 평가해주고 알아주는 사람에게만 컨설팅을 하면 어떨까? 그쪽이 더 내가 느끼는 만족도가 높지 않을까?'

그렇게 생각하면 단숨에 눈앞이 환해진다. 이것이 사고방식을 능동적으로 바꾸고 기회를 잡는 길인 것이다.

당신이 기회를 잡고 성공하는 일은 이미 정해져 있다고 해도 좋다. 왜냐하면 평범한 사람이라도 얼마든지 성공할 수 있는 방법을 지금 배우고 있는 것이니까.

<u>거울에 비치는 자신을 한번 보자. 당신은 이미 황금빛으로 빛나기 시작할 것이다. 당신이 출전할 차례는 반드시 찾아온다. 그때를 위해서도 많은 지식을 습득해 둘 필요가 있다. 어른 공부를 하는 것이다. 그리고 자신을 믿어 보는 것이다.</u>

최단기간 성공프로젝트 제3단계

평범한 사람도 업계 최고가 되는 방법

비상식이 상식을 뛰어넘는 순간 인생은 급반전된다.

오쇼 씨는 톱 영업사원

히라의 배에 큰 사마귀가 난 적이 있었다. 부인이 전에 간호사였기 때문에 사마귀를 제거할 좋은 방법이 없냐고 물었다. 그러자 사마귀를 없애주는 돌이 있다고 말하는 것이었다. "농담하지 마"라며 그는 부인에게 화를 냈다. 그런데 정말로 사마귀를 없애주는 돌이 있다는 것이다. 게다가 부모 집 근처에 있는 절이라고 해서 속는 셈치고 한번 가보기로 했다. 그런데 그 절의 스님이 얼마나 뛰어난 영업사원이었는지 히라는 감탄할 수밖에 없었다.

"이 절의 돌이 사마귀를 없앤다고 해서 왔습니다."
"네, 없앨 수 있습니다."

"정말입니까? 만약 없애지 못하면 어떻게 하겠습니까?"

"못 믿겠으면 돌아가세요."

"아뇨, 믿어요, 믿습니다."

완전히 강적이군…….

"그러면 돌을 주십시오."

스님은 발밑에 있는 작은 돌을 주워 히라에게 건넸다.

"이것입니다."

"얼맙니까?"

너무 비싸게 부르면 그냥 가야지!

"얼마면 사겠습니까?"

"500엔 정도면 사죠."

"그러세요, 그럼. 가져가세요."

히라는 그렇게 해서 돌 하나를 500엔이나 주고 샀다. 스님은 사라는 말도 하지 않았다. 히라가 500엔이면 사겠다고 말했고, 스님은 그 값이라도 괜찮으니 가져가라는 말밖에 하지 않았다. 여기에서 말하고자 하는 것은 물건을 판다는 게 이렇게 간단할 수 있다는 것이다.

그러나 대부분의 사람은 영업을 어렵다고 생각한다. 영업을 어렵게 생각하기 때문에 창업하지 못하고 다니고 싶지 않은 회사에

억지로 다니거나, 생각만 하다 끝내 창업을 못 하는 사람이 많다.

영업은 너무도 간단하다

창업하면 어쨌거나 상품과 서비스를 팔아야만 한다. 매출을 올리기 위해서는 지나쳐야 할 관문이 두 개 있다. 하나는 온라인 광고나 광고 전단지, DM 등의 온오프라인 광고로 소비자의 반응률을 높이는 일이다. 광고의 반응률이 높아지면 우선은 몹시 기쁜 일이다. 그러나 대부분의 사람은 여기에서 또 하나의 관문과 맞닥뜨리게 된다.

"가망고객은 모였는데 계약을 성사시킬 수가 없다"며 우는 소리를 하는 사람들이 생기는 것이다. 요컨대 고객은 관심이 간다며 손을 들었는데도 최종 단계인 계약 성사가 불가능하다. 왜 성사가 안 되는 것일까? 한마디로 말해서 영업 방법이 잘못 되었기 때문이다.

솔직히 말해서 서점에 즐비하게 늘어선 영업 관련 책은 도움이 안 된다. 지금까지 영업 방법은 모두 전문가들을 위해 만들어졌다. 잘못된 영업을 배우고 있기 때문에 눈앞에 지갑 든 고객을 버젓이 두고도 놓치는 것이다.

상식으로 통용되고 있는 영업방법에는 어떤 오해가 있을까?

대표적인 오해는, 심리학 기법을 사용해 고객을 설득하면 계약은 백퍼센트 성사시킬 수 있다는 생각이다. 사실 유능한 영업사원은 설득하지 않는다. 왜냐하면 설득할 시간이 있으면 설득하지 않아도 좋은 고객에게 시간을 쓰는 쪽이 더 쉽게 매출을 올릴 수 있기 때문이다.

<u>설득하지 않는 게 좋다는 것을 깨달은 영업사원은, 절대 말로 떠들지 않는다. 대신에 듣는 기술을 연마한다.</u> 단, 고객의 얘기를 무작정 듣고만 있으면 계약이 성사되겠지 하는 착각은 말아야 한다. 전혀 말하지 않고도 성사시킬 수 있다면 그것이야말로 기적이다. 영업의 달인을 넘어서 영업의 신이나 마찬가지다.

계약 성사를 위해서는 최소한의 것은 말할 필요가 있다. 그렇지만 최소한의 화법을 모르기 때문에 대부분의 사람이 영업에 실패하고 있다. 그러면 지금부터는 영업 화법을 마스터하기 위해서 구체적으로 접근해 보기로 하자.

앞으로 얘기하는 내용은 지극히 획기적이다. 지금까지의 영업방법은 상대의 성격과 상황에 따라서 화법을 바꾸어야 했지만, 이 영업방법은 최소한의 화법을 기계적으로 스텝 바이 스텝으로 진행시키기만 하면 되는 것이다. 그렇게 하면 계약 성사율은 비약적으로 높아지고 상대와도 신뢰관계를 구축할 수 있으며, 나아가 최단시간에 계약이 성사된다.

이러한 영업방법을 '귀인 영업'이라고 한다. 이 방법은 고자세의 영업이지만 실제로는 상대와 평등하게 대화하는 테크닉이다. 결과는 보통의 영업 과정에서는 얻을 수 없는 고객과의 신뢰와 우정이 얻어진다. 하루라도 빨리 이 영업 방법을 배운다면 곧 바로 계약 성사율은 향상될 것이라고 자신한다.

영업의 목적은 어디까지나 상품을 파는 일이다. 그리고 계속적으로 판매하기 위한 신뢰관계를 구축하는 일이다. 거기에 초점을 맞추면 영업이라는 것은 실로 간단하고 즐거운 과정이라는 것을 알 수 있다.

'영업이 즐겁다고? 말도 안 돼!'라고 생각할지 모른다. 그러나 분명히 즐거운 일이다. 현재 우리 두 사람 다 영업으로 고민하는 사람은 전혀 없다. 당신도 반드시 영업에 대한 고충으로부터 이 기회에 완전히 벗어나기를 바란다.

팔지 않겠다고 하면 고객은 어떻게 할까?

우리는 상품을 팔 때 구매를 권하지 않는다. 대신에 우리 쪽에서 판매를 사절한다. 사절함에도 불구하고 고객은 부디 팔아 달라고 말한다. 고객은 쫓으면 쫓을수록 도망가는 존재다. 따라서 내 쪽에서 쫓아가는 일은 하지 않는다.

여기에서 영업력으로 정평이 나 있는 마케팅 토네이도의 사토 마사히로 씨의 등장을 부탁해보자.

사토 씨는 현재 나이 43세. 지금까지 두 개의 회사를 차려서 두 번 모두 성공을 거두었다. 첫 번째 창업은 26세 때인데 해피리홈이라는 주택리모델링 회사를 설립했다. 설립 초에는 일이 생각처럼 많지 않았다. 가스회사에 다닌 이력이 전부인 데다 영업 경험이 전무했기 때문이다. 주택리모델링 주문을 얻기 위해서는 먼저 전단지를 만들어야 한다. 그리고 문의하는 고객에게 영업을 해야 한다.

설립 초에는 아무래도 고객도 별로 없기 때문에 "무엇이든 하겠습니다. 맡겨만 주십시오"라는 식으로 애원 영업을 하는 게 보통이다. "작은 일이라도 상관없습니다. 금방 갈 테니 견적만이라도 뽑게 해주십시오"라고 얘기할 때마다 고객들은 냉정하게 전화를 끊었다.

사토 씨는 자신에 대한 프라이드도 상당히 높다. '어째서 내가 이런 취급을 받아야 하는 거지? 이젠 그만 두겠어.' 몇 번이나 그렇게 다짐했다. 그러나 자존심은 방해만 되고 전혀 도움이 안 된다는 것을 깨달았다. 사업자금도 바닥을 드러내기 시작할 무렵 더 이상은 규모가 작은 일이나 돈벌이가 되지 않는 일은 그만 두기로 다짐했다.

어느 날, 한 통의 전화가 걸려 왔다.

"아이들 방을 개조하려고 하는데 견적을 한번 뽑아주시지 않겠습니까?"

"무슨 이유로 개조를 생각하신 겁니까?"

"아이들 방이 도무지 정리가 안 돼요. 넓어지면 지금보다 정리도 더 잘 되고 깔끔해지지 않을까 해서요."

"그럼 아이들에게 정리하는 방법을 가르쳐 드리면 개조하지 않아도 될 텐데요. 그 방법을 가르쳐 드리죠."

"고맙습니다. 하지만 그렇게 되면 돈이 안 될 텐데요."

"상관없습니다. 고객께 안 해도 되는 개조는 권하지 않거든요."

이런 식으로 일을 거절하기 시작했다. 그러자 웬일인지 계약하자는 요청이 들어오기 시작한 것이다. 사토 씨는 물론 전혀 예상치 못한 일이었다.

<u>고객은 쫓으면 쫓을수록 도망치지만 판매자가 도망치면 쫓아오는 게 또 고객이다. 따라서 구입을 권하면 권할수록 고객은 거절하고, 거절당하면 고객은 더 구입을 원한다.</u> 사토 씨는 이것을 '강아지의 법칙'이라고 부른다.

이때부터 회사의 영업방법이 달라졌다. 일은 물론 계속해서 들어오기 시작했다. 그리고 겨우 몇 년 만에 주택리모델링사업으로서는 경이적인 실적을 거뒀다.

당신을 괴롭히는 잘못된 영업 상식

지금까지는 기존의 영업 방법을 부정하는 것처럼 말했지만 그 방법으로도 성공한 영업사원이 있다.

어느 한쪽이 더 정답이라는 의미는 아니다. 그 사람에게 맞는 영업이 따로 있다고 생각하기 때문이다. 단지, 영업 경험이 없는 평범한 사람이 영업을 할 때는 기존의 영업 방법을 배우는 것은 말리고 싶다. 무엇보다도 성공하기가 힘들기 때문이다. 왜 그럴까?

지금은 물건이 잘 팔리지 않는 시대가 되었다. 그러다 보니 영업사원은 더욱 구매를 강하게 권하지 않으면 안 된다고 생각하게 되고, 거의 강매 수준의 영업을 하고 만다. 그 결과 고객들은 영업사원과 만나기를 극단적으로 싫어하고 있는 것이다.

또한 정보의 범람, 경쟁의 심화로 인해 고객의 상품 선택 시간이 늘어나게 되었다. 이렇듯 고객의 욕구가 다양해졌음에도 불구하고 영업사원이 그것을 제대로 파악하지 못하고 있는 게 사실이다. 애초부터 고객에게 거절당하기 쉬운 근성영업이나 응수화법을 중심으로 한 석기시대적인 영업을 전개하고 있는 것이다. 그렇기 때문에 신입 영업사원은 하지 않아도 될 수고를 하고 있다.

대기업일수록 그런 경향이 짙다. 주택업계에서는 지금도 잘못된 영업방법이 통용되고 있다. 그 때문에 입사 1년 후에는 신입영업사원 대부분이 회사를 그만 두는 현실에 있다. 영업사원은 한번 사용하고 나면 버리는 게 상식처럼 되어 버렸다. 기업 입장에서 보면 어쩌면 무리가 아닐지 모른다. 실적이 없는 영업사원은 회사에서는 가장 질 나쁜 사람이나 마찬가지다. 그러나 나쁜 사람이라는 낙인이 찍힌 영업사원보다 더 나쁜 사람은 고생하지 않고도 실적을 올릴 방법을 가르치지 못하는 상사이고 사장인 것이다.

그렇다면 잘못된 영업 방법은 어떤 패턴이 있는지 살펴보자.

제안형 영업

판촉 자료에 너무 많은 돈을 쏟아 부어 호화로운 사례집과 카탈로그를 만든다. 상품 지식을 무기로 삼자는 모토 아래 상품에 관해 해박한 지식을 쌓는다. 그러나 그 상품이 얼마나 좋은지 몇 시간씩 붙잡고 설명하고 제안한다 해도 필요 없는 것은 영원히 필요 없다.

근성형 영업

"거절 받은 다음부터가 시작이야. 다시 한번 가는 거야. 팔기 전까지는 돌아오지 마!" 어젯밤에 거절 받고도 아침 되면 또 가는 것이 영업의 기본. 이런 영업은 악바리 근성만 있다면 누구라도 가능하다. 특별히 뛰어난 당신이 하지 않아도 다른 누군가에게 맡기면 된다. 근성영업을 하는 회사는 매달 구인광고를 하는 게 정해진 수순이다.

애원형 영업

"고객 사정에 맞추지 않으면 안 된다"는 신조를 가진 영업사원은 고객은 왕이라는 말을 믿어 의심치 않는다. 그리고 마지막에는 엎드려 빌다시피 해서 계약을 따낸다. 따라서 고객은 조금만 불만이 생겨도 금방 화를 낸다. "당신이 그만큼 사정하니까 산 거라구요. 지금 당장 해결해줘요!" 왕이 마귀로 변하는 순간이다. 그리고 마귀에게 1년 내내 휘둘리게 된다. 그러나 고객을 마귀로 만드는 것은 당신이다.

응수화법 영업

"절대로 거절할 수 없는 화법을 익혀라! 고객의 반론은 모두 뒤엎어라." 이런 영업은 계약이 되어도 취소건수만 늘어날 뿐이다. 혀끝 하나로 따낸 고객은 "역시 안 하는 게 좋겠어요"라는 한 마디만 던지고 도망친다. 응수화법은 숙련되면 될 수록 사기꾼에 가까워진다. 자신의 아이에게 자신이 하는 일을 떳떳하게 설명할 수가 없다.

헤아리면 한이 없다. 이런 방법론은 옛날에 톱 영업사원이었던 사람이 현재 생활비를 벌기 위해서 쓴 책에 종종 나온다. 톱 영업사원은 어떤 이유에선지 집필자로 나서는 일이 많다. 톱 영업사원이 된다는 것은 힘든 일이다. 마음도 몸도 함께 지치는 일이기 때문이다.

영업사원은 계약을 체결하지 못하면 끝이다. 그때까지 아무리 우수한 영업사원이라고 해도 일단 계약이 없으면 회사에서는 쓰레기로 취급받는다. 쓰레기는 언젠가는 썩는다며 회사에서 방출 당하고 만다. 참으로 비참하고 괴로운 일이다. 따라서 자신의 존엄을 지키는 영업 화법을 익힐 필요가 있는 것이다.

<u>실적이 좋은 영업사원에게는 공통점이 있다.</u>

<u>그들은 글을 잘 쓰는 것도 아니고, 억지 미소도 짓지 않으며, 악바리 근성이 있는 것도 아니다. 프레젠테이션이 능숙한 것도 아니다. 원래부터 프레젠테이션을 하지 않는다. 지금까지 말한 잘못된 영업 방법은 사용하지 않는 것이다.</u>

고객이 상품을 사는 진짜 이유

판매자의 관점에서는 고객에게 물건을 팔기 위해서는 품질이나 가격이 중요하다고 생각한다. 그렇지만 고객의 구매 기준은 상품의 품질도 가격도 아니다. 그러면 고객은 어떤 기준으로 구매를 결정할까? 미국에서의 조사를 보면 결과는 이렇다.

1. 신뢰할 수 있는 영업사원.

2. 품질.

3. 가격.

이 결과를 보면 고객에게 중요한 것은 믿을 수 있는 영업사원이냐 아니냐 하는 점이다. 품질과 가격은 이차적인 문제이다. 사실 히라가 자사에서 주택을 구입한 고객 100명에게 질문했을 때 80퍼센트의 사람이 같은 대답을 했다.

영업사원에게 이렇게 물은 적이 있다. "고객들이 우리 회사가 지은 집을 사는 이유가 뭘까?"라고. 그러자……

1. 가격이 쌌다.

2. 디자인이 좋았다.

3. 사양이 우수했다.

라고 대답했다.

다시 물었다. "최종으로 계약을 결정짓는 게 무엇일까?"

1. 가격이 쌌다.

2. 디자인이 좋았다.

3. 사양이 우수했다.

두 번째도 대답은 같았다.

"그러면 사무원도 현장감독도 집만 싸면 얼마든지 팔 수 있겠네. 마지막으로 다시 한번 묻는데, 계약이 성사되는 결정적인 요인이 뭘까?" 그러자 답은 이렇게 달라졌다.

1. 나를 신뢰했다.
2. 디자인과 사양이 좋았다.
3. 가격이 쌌다.

처음에 물었을 때 첫 번째 이유였던 가격이 마지막이 되었다. 하나같이 "영업사원을 신뢰했기 때문이다"라고 대답했다. 이것은 몇 번씩 질문해서가 아니다. 고객에게 가장 중요한 것은 영업사원을 신뢰할 수 있느냐 하는 것이다.

<u>물건을 살 때는 믿을 수 있는 사람에게 사되 신뢰할 수 없는 사람에게는 사지 않는 게 고객의 마음이다.</u>

즉, 1대1의 관계 속에서 구매가 결정된다고 해도 과언이 아니다. 그러면 문제는 어떻게 고객의 신뢰를 얻느냐.

많은 영업사원은 고객의 마음에 드는 일이 곧 신뢰받는 일이라고 믿고 있다. 이것은 큰 착각이다. 고객의 마음에 들기 위해서 영업사원이 무엇을 하느냐 하면, 고객의 요구에 자신을 맞추려고 한다. 고객에게 조금이라도 좋은 인상을 주려고 의자 끝에 걸터앉고, 몸을 앞으로 내밀며, 아양을 떨면서 말한다. 아이라도 있으면 "아이가 참 똘똘해 보이네요"라고 마음에도 없는 말을 한다. 그리고 "제품서라도 한번 보시지 않겠습니까? 무료니까요."

단언하건대 애원 영업의 계약률은 낮을 수밖에 없다. 계약이 성사되었다고 해도 그 단계까지 가는 데 시간이 많이 걸리고, 대부분 할인을 요구받기 때문에 이익이 남지 않는다. 게다가 노예처럼 부려지고 이치에 안 맞는 요구를 받는다. 요구를 채워주지 못하면 마구잡이로 비난받는다.

<u>원하는 대로 다 해주면 신뢰를 얻기는커녕 오히려 더 무시당하는 것이다.</u>

'고객의 입맛에 맞추면 신뢰받지 못한다? 설마 그럴 리가!'

그렇게 생각할지 모른다. 무리도 아니다. 지금까지 그런 영업방식을 취해왔으니까.

당신이 고객에게 신뢰를 받는 순간이란?

세간의 상식과는 달리 애원 영업으로는 절대 고객의 신뢰는 얻을 수 없다.

그렇다면 고객이 '이 영업사원은 믿을 수 있겠다'고 생각하는 것은 어떤 때일까? 그것은 거절당했을 때다.

잘못 알아들으면 곤란하니까 다시 한번 말하겠다. 고객이 신뢰할 수 있을 때는 영업사원에게 거절당했을 때다.

거절함으로써 신뢰받는다. 이런 경우가 참으로 많다. 물론 무턱대고 거절하는 것이 아니다. 정확하게 말하면 다음 3가지를 판단했을 때 거절하는 것이다.

<u>1. 고객이 자신의 상품을 필요로 하며 사고 싶어 하는가.</u>
<u>2. 고객이 이 상품을 살 돈이 있는가.</u>
<u>3. 이 거래를 함으로써 판매자와 구매자 쌍방에게 메리트가 생기는가.</u>

위의 세 가지에 대해 판단하되 거래할 가치가 없다고 판단한 경우 정중하게 거절한다. 왜냐하면 자신의 상품을 필요로 하지 않고 원하지 않는 고객이라면 어차피 서로에게 시간 낭비일 뿐이다. 따라서 그런 고객에게서는 화끈하게 뒤돌아서는 게 좋다.

더욱이 고객에게 살 예산이 없다면 이 또한 시간 낭비다. 쌍방에 메리트가 생기지 않는 거래는 절대 오래 지속되지 않는다. 따라서 그런 고객에게서도 돌아서야 한다. 계약이 성사될 가능성이 낮은 고객을 상대하는 것은 상대방의 시간을 낭비하게 만드는 일이 되니 상대방을 위해서도 상담을 중지해야만 한다.

고객이 상품을 원한다고 의사를 밝히지 않거나 원하는 이유가 명확하지 않는 한 상담을 지속해서는 안 된다. 참으로 고자세의 영업이지만 반대로 그것이 신용으로 이어지는 길이다.

지금까지 '고객은 왕'이라고 배우고 믿어 왔던 사람은 '글쎄, 정말 그럴까……'라고 의아해 할 수 있는 얘기일 것이다.

하지만 이것이 톱 영업사원의 영업 기법이다.

'고객이 많으면 그것도 가능할지 모르지. 하지만 우리는 고객이 없어서 그렇게 거절할 수가 없어.'

이렇게 생각하고 있다면 아무리 시간이 지나도 절대 실적은 오르지 않는다.

<u>한 명의 고객도 놓치지 않으려고 하는 한 그 생각과 초조함은 고객에게 그대로 전달된다. 설득하려 하면 할수록 반드시 불매심리도 높아지고 결국 고객은 도망쳐 버리는 것이다. 따라서 '이 고객을 놓치면 내일부터 밥 굶는 상황'이라 하더라도 이를 악물고 거절할 줄 알아야 한다. 이렇게 하지 않으면 계약은 절대로 성립되지 않는다.</u>

정리해 보자. 가망고객을 앞에 두고도 계약까지 가지 못하는 회사는 애원 영업을 하기 때문이다.

팔지 못하는 영업사원은 고객에게 한없이 머리를 조아린다. 하지만 톱 영업사원은 고객을 버릴 줄 안다. 또한 톱 영업사원은 판단을 잘 한다. 판단을 못 하는 영업사원은 아무리 시간이 흘러도 실적이 오를 수 없는 것이다.

파는 법을 약간만 바꾸면 톱 영업사원!

우리 두 사람은 파는 데 관해서는 완전 초보였다. 영업하러 가면 늘 "당신은 좋은 사람이군요"라는 말을 들었다. 여성에게 '좋은 사람'이라는 말을 듣는 것과 마찬가지로, 거래처에서 '좋은 사람'이라는 말을 듣는 영업사원은 자격이 없는 것이다. 비즈니스맨의 세계에서는 '좋은 사람' = '별 도움이 안 되는 사람' 즉, 우리들 자신이 영업사원으로서는 실격이었던 게 사실이다. 한마디로 굽실대는 영업을 했던 것이다.

그러나 이를 악물고 굽실대는 영업을 그만 두었다. 그만 두자 재미있게도 더 많은 계약이 체결되었다. 이렇게 멋진 삶이 있었나 생각할 정도로 자신감도 생겼다. 굽실대는 영업은 편한 삶이다. 고객의 입맛에만 맞춰주면 되니까.

부하직원이 상사가 부르는 노래에 맞춰서 박자를 맞추며 손을 비비는 것과 똑같다. 그러나 머리를 쓸 필요가 있다. 구입할 가능성도 낮은 고객을 붙들고 불필요한 수고를 하는 것만큼 어리석은 일은 없다. 왜냐하면 살 마음이 없는 고객을 설득할 열정이라면 설득하지 않아도 구입할 고객을 상대하는 쪽이 몇 배나 더 효율적이기 때문이다.

그러면 살 가능성이 있는 고객은 어느 정도 있을까?

문제는 설득하지 않아도 과연 사는 고객이 있을까 하는 점이다. 확실하게 있다고 자신 있게 말할 수 있다. 자료를 청구한 사람이 100명이라고 한다면 적어도 2~3명은 갈등하지 않고도 산다. 보통은 5명 정도가 그렇다. 실패하는 것은 영업사원이 그 5명을 알아보지 못하고 나머지 95명과 계속 춤을 추고 있기 때문이다. 즉 100마리의 물고기를 전부 잡으려고 하다가 1마리도 못 잡는 식이다.

해야 할 것은 물위에 떠오른 5마리의 물고기를 망으로 건져내는 일이다.

그리고 나머지 95명은 사지 않느냐 하면 물론 산다. 가망고객에게 꼬박꼬박 정보 메일을 보내고 관심의 끈을 놓지 않는다면 최종적으로 최소한 15명~20명은 계약을 성사시킬 수 있다.

그러나 지금 사는 것이 아니다. 가깝든 멀든 장래에 산다는 것이다. 장래에 살 고객을 지금 설득하려고 한다면 어떻게 될까? 물론 고객은 도망칠 뿐이다. 따라서 무리한 설득은 금지해야 할 사항인 것이다.

당신도 영업의 귀재가 될 수 있다

지금 히라의 회사에는 두 명의 영업사원이 있다. 월평균 2개동 이상은 반드시 계약한다. 현재 주택업계의 평균 수주동수가 한 달에 0.8개동 정도라는 것을 생각하면 경이적인 숫자다.

그러면 이 두 사람이 영업의 프로냐 하면 그렇지 않다. 완전 초보에 가깝다. 한 사람은 전 화장품 영업사원이고 또 한 사람은 전 건축기능공이다. 히라는 종종 이런 말을 듣는다. "초보자를 그 정도로까지 키우려면 시간이 많이 걸리지 않나요?"

그 대답은 항상 이렇다. "아니오. 일순간이었습니다."

정말로 일순간에 달라졌다고 히라는 단언한다. 그것은 '귀인 영업법'이 놀랄 만큼 너무도 간단하기 때문이다.

귀인 영업법은 상식을 뒤엎는 영업 기법이다. 영업의 프로가 들으면 분명히 터무니없는 소리라며 비웃을 것이다. 따라서 해본 사람만이 잘할 수 있는 비상식적인 방법이다.

도대체 무엇이 비상식적인가? 일례를 들어 보면,

1. 살 고객과 안 살 고객을 일순간에 구별할 수 있다.
2. 설득하지 않아도 팔린다.
3. 고객에게 "팔아 주세요"라는 말을 듣고 "고맙습니다"라는 감사인사를 받는다.

어떤가. 보통의 영업사원이 아니라 귀인이라도 된 듯한 기분이 들 것이다. 이렇게 될 때까지 고객에게 아첨할 필요도 없으며 머리를 조아릴 필요도 없다. 고객과 대등한 입장에 설 수 있는 이 방식으로 당신은 영업이 10배는 더 편해질 게 틀림없다.

당신은 라이벌을 압도적인 격차로 떼놓을 수 있다. <u>당신이 10배 편하게, 10배 더 돈을 버는 데는 귀인 영업법을 사용하는 것 외에 방법이 없다.</u> 말하자면 최후의 선택인 것이다. 귀인 영업법을 부정한다면 앞으로도 삐에로 영업사원인 채로 계속 걸어가지 않으면 안 될 것이다.

상식을 근본부터 뒤엎는 귀인 영업법

지금부터는 귀인 영업법을 설명해 보기로 하겠다. 요즘 유행하는 투자형 아파트의 영업을 예로 들어 본다. 아파트를 팔기 위해서는 일단 고객에게 찾아가서 설명해야 한다. 단, 그 전에 면담약속을 해야만 한다. 영업에 있어서는 만날 약속을 정하는 것이 일차적인 벽이다. 많은 사람이 여기에서 막혀서 더 이상 진행하지 못 한다. 왜냐하면 상대방은 만난 적도 대화를 나눠본 적도 없는 사람이기 때문에 다소 매몰차게 대하는 것은 당연하다. "어떻게 내 전화번호를 알았죠? 두 번 다시 전화하지 말아욧!(딸깍)" 이런 대꾸를 받고 나면 풀이 죽는 것도 무리가 아니다.

그러나 귀인 영업법을 사용하면 매우 높은 확률로 면담 약속을 할 수 있다. 게다가 그 고객이 거래할만한 가치가 있는 고객인지 아닌지도 판단할 수 있다. 일석이조의 방법인 것이다. 그러면 어떻게 약속을 정하면서 판단할 수 있을까, 구체적인 사례는 화법을 토대로 설명하겠다.

영업사원 : 저는 월드 개발의 스즈키라고 합니다. 금리 12퍼센트의 이자를 받을 수 있는 투자형 아파트가 마포에 나왔습니다만, 이 물건을 사고 싶지 않으십니까?

가망고객 : 무슨 말인지 잘 모르겠는데요?

영업사원 : 상세한 것은 나중에 설명하겠지만, 지금은 이자 12퍼센트의 투자형 아파트가 있는데 사실 의향이 있는지 듣고 싶습니다만.

가망고객 : 그런 게 있다면 사고 싶죠.

영업사원 : 무엇 때문입니까?

가망고객 : 무엇 때문이라······. 은행에 예금해도 이자가 너무 박하잖아요.

영업사원 : 그러면 뵙고 설명 드리고 싶습니다만 어떠십니까?

가망고객 : 네, 만나죠.

영업사원 : 언제가 좋으시겠습니까?

가망고객 : 다음 주 화요일로 할까요?

영업사원 : 그 날은 다른 약속이 있으니까 수요일 10시는 어떻습니까?

가망고객 : 좋아요.

영업사원 : 그러면 수요일 오전 중에 뵙겠습니다.

이 화법을 들었을 때 대부분의 영업사원은 떨떠름해 한다. 이런 직접적인 화법을 사용한다면 고객은 모두 도망칠 것이라고. 그러나 해보면 안다. 진지한 고객일수록 영업사원에게 거절 받을까 우려해서 반드시 만나고 싶다고 말할 것이다.

"구입하고 싶으십니까?"라고 물었을 때, 당연히 대부분의 사람은 "아니요"라고 말한다. 그러나 "아니요"라는 대답을 받는 것은 매우 중요한 일이다.

가망고객이 100명이 있다고 하자. "아니요"라는 대답을 받는 질문을 한다면 지금 바로 사지 않는 95명과, 지금 바로 사주는 5명을 빨리 판단할 수 있기 때문이다.

"아니요"라는 대답에는 큰 가치가 있다. 따라서 "아니요"라는 대답을 받았을 때는 "잘 알겠습니다. 실례했습니다"라고 흔쾌하게 전화를 끊어야 한다. 그리고 다음 고객에게 전화를 하면 될 뿐이다.

고객에게 만나고 싶다는 요청을 거절 받았을 때 영업사원은 자존심에 상처를 입는다. 따라서 스트레스가 된다. 그러나 이 영업 방법은 고객에게 "아니요"라는 대답을 받도록 노력하는 일이다. 다른 식으로 말하면 이 고객은 자신과 만나기에 적합한 사람인가 아닌가를 판단하는 것이다. 적합하지 않은 경우에는 화끈하게 끊자. 그러면 스트레스도 자존심에 상처받는 일도 없을 것이다.

당신이 만날 고객을 판단하는 방법

다음은 정말로 만나서 얘기할 가치가 있는 상대인지 아닌지를 판단하는 화법이다. 이것은 만날 약속을 정한 후에 다시 한번 전화하는 형태이다.

영업사원 : 만나기 전에 세 가지 정도 확인하고 싶은 게 있습니다만, 괜찮으시겠습니까?

가망고객 : 네.

영업사원 : 만나 뵈려는 목적은 영업이 아닙니다. 서로 거래할 메리트가 있을지 없을지 판단하기 위해서입니다. 괜찮으시겠습니까?

가망고객 : 좋아요.

영업사원 : 서로 거래할 메리트가 있을지 만나서 1시간 정도 이
 야기나누고 싶은데 가능하시겠습니까?

가망고객 : 네, 뭐, 괜찮아요.

영업사원 : 대화 결과, 귀사가 만족할만한 조건이 모두 충족된
 제안이 나온다면 어떻게 하시겠습니까?

가망고객 : 그럼 거래하죠.

이렇게 된 경우에 한해서 방문한다. 이 세 가지 조건을 받아들이지 않는 회사에 방문하는 것은 계약 성사가능성이 낮기 때문에 단순한 시간 낭비일 뿐. 즉시 전화를 끊는 게 좋다.

보통은 믿기 어려운 고자세의 화법이다. 시작하기 전에는 우리들도 믿을 수 없었기 때문에 믿기 어렵다는 반응도 무리가 아니다. 그러나 이 화법을 시작한 영업사원은 거의 예외 없이 영업효율이 향상한다. 도대체 이런 영업사원에게 전화를 받은 고객은 어떤 느낌일까?

우연이지만 어떤 사장이 자기계발 프로그램을 판매하는 회사로부터 영업전화를 받았다. 사장은 너무나도 영업화법이 인상적이어서 기억하고 있었다고 한다. 간다의 영업 세미나에서 이 화법을 듣고 '아, 이것이었구나'라고 느꼈다고 한다.

그 영업사원과 사장의 대화는 다음과 같이 진행되었다.

영업사원 : 만나 뵈려는 것은 영업이 목적이 아닙니다. 서로가 메리트가 있는 거래를 할 수 있을지 판단하는 것이 목적입니다. 괜찮으시겠습니까?

사장 : 좋아요.

영업사원 : 서로가 메리트가 있는 거래가 가능할지 판단하기 위해 방해가 안 되는 1시간 정도의 시간이 필요합니다. 괜찮으시겠습니까?

사장 : 음, 1시간은 낼 수 없는데.

영업사원 : 서로 거래할 메리트가 있을지 판단하려면 아무래도 1시간은 필요합니다만.

사장 : 아무래도 시간을 내기 어렵겠네요. 다음에 하죠.

영업사원 : 잘 알겠습니다. 그럼 실례했습니다. (딸깍)

사장 : ······.

이런 경우, 고객은 영업사원이 너무 고자세가 아닌가, 라고는 생각하지 않는다. 오히려 더 자신감이 넘친다고 느낀다.

이 화법에 대해서 간다는 사장에게 물어 보았다.

간다 : 이 화법을 듣고 어떻게 생각했습니까?

사장 : 도중에 전화를 끊었지만, 어째서 이렇게까지 자신이 넘치

는 걸까 하는 생각이 들더군요.

간다 : 가령 조건을 낮추고 어떻게든 만나자고 해서 만났다면 계약했겠습니까?

사장 : 아니요. 어떤 식으로 영업할까 하는 흥미밖에 없었기 때문에 어차피 계약은 하지 않았겠죠.

사장 : 그래요. 그러니까 이 단계에서 무리하게 약속을 정하고 방문해도 양쪽 모두에게 시간만 낭비하는 것입니다. 하지만 다시 한번 똑같은 전화가 다음 달 걸려온다면 어떻게 하겠습니까?

사장 : 으음, 상당히 흥미가 가긴 해요. 그러나 만나자고는 말하지 않겠어요.

간다 : 그러면, 또 상대방이 전화를 끊는다. 그리고 다음 달, 세 번째 전화가 걸려 왔다면요?

사장 : 결국 시간을 내겠다고 말하지 않으면 얘기가 진행될 수 없는 거군요.

간다 : 그렇습니다.

사장 : 정말로 필요하다면 마지막에는 시간을 내겠다고 말하겠습니다.

즉, 상품을 정말로 필요로 하는 고객 외에는 1대1로 만나지 않는 것을 철칙으로 지켜야 한다고 말하고 싶다. 이 사장이 말하는 것처럼 방문해서 만났다 해도 상담 성사 가능성은 매우 낮다. 따라서 방문하지 않는 게 좋다. 그만큼 시간을 줄이는 일이다.

<u>방문에는 최소한 3시간 정도 걸릴 것이다. 3시간이면 150통의 전화를 걸 수 있다. 그 가운데에서 세 가지 조건을 갖춘 고객을 발견하는 쪽이 더 현명하다. 상품에 흥미가 있고 살 예산이 있으며, 거래함으로써 서로에게 메리트가 있는 고객이다.</u>

다음 대화의 경우는 어떨까?

영업사원 : 귀사가 만족할 조건을 모두 갖춘 제안이라면 어떻게
           하시겠습니까?
사장 : 검토해보겠습니다.

생각해 보자. 만족할만한 조건을 전부 충족시켜도 검토하겠다는 것은 무엇을 의미하는 것일까? 답은 두 가지다. 구매결정자가 아니거나, 견적조건을 완화시키고자 하는 떠보기로 사용되고 있는 것이다. 여기에서는 시간을 사용하는 것만큼 낭비다. 이때는 다음과 같이 대응하는 게 좋다.

영업사원 : 만족할 조건을 다 갖춘 제안이더라도 검토해보겠다

고 하시니 계약 가능성이 낮아 보입니다. 맞습니까?

사장 : 아마 그럴 겁니다.

영업사원 : 그럼 만난다 해도 서로에게 시간 낭비겠군요?

사장 : 직접 오셔도 어쩔 수 없을 겁니다.

영업사원 : 잘 알겠습니다. 그러면 실례했습니다. (딸깍).

사장 : …….

이상의 화법을 읽는 사람은 대부분 일본처럼 인간관계가 중시되는 풍토에서는 적합하지 않을 것 같다는 느낌을 갖는다. 우리도 해보기 전까지는 그렇게 생각했다. 그러나 용기를 내어 해보았고 우리의 인생은 완전히 달라졌다.

구매를 권하지 않고도 팔기 위해서는

여기까지 설명한 화법을 듣고 '질문만 하면 상대방이 화내지 않을까……' 이런 생각을 가지는 사람이 있을 것이다.

맞는 얘기다. 그러나 그 문제는 영업사원의 듣는 기술 하나로 완전히 해소된다. 무뚝뚝한 태도로 들으면 말하는 상대방은 불쾌감을 나타낸다. 그러나 목소리 톤을 낮추고 성실하게 질문하고 수용한다면 전혀 문제가 없다. 가장 안 좋은 것은 높은 톤의 말 많은 스타일이다. 시끄럽다는 느낌만으로도 고객의 불쾌지수는 올라가게 된다. 고객은 영업사원의 질문에 반발은 하지 않는다. 태도와 자세에 대해서 혐오감을 가질 뿐이다. 따라서 두려워하지 말고 계속 질문해야 하는 것이다.

실제로 이 영업 방법을 채택하려던 회사는 이런 말을 했다.

"가망고객만으로 국한시키면 고객이 더 줄어드는 게 아닐까요? 영업 할 곳이 없어지는 것보다 내가 열심히 돌아다니면서 하는 쪽이 더 나을 것 같은데요."

그 마음도 이해한다. 단지 오해해서는 안 되는 점이 한 가지가 있다. 그 업계, 그 회사에 따라서 특징이 있을 것이다.

예컨대 주택 등의 고액상품을 취급하고 있고, 하나의 상품을 파는 데 30명 이상의 가망고객이 필요한 회사도 있다. 문방구와 같은 저가격의 소모품을 취급하는 회사라면 모인 가망고객의 대부분이 고객이 된다.

<u>고객 한명 한명이 회사에 따라 다르다. 그것을 같은 눈의 광주리로 체질해서는 안 된다. 체질의 기준을 조정할 필요가 있다.</u>

광고 마케팅이 잘 되고 가망고객이 많이 모이면 기준을 높이되, 가망고객이 적으면 기준을 낮춰야 한다. 단지, 체질의 기준을 내리면 지금 바로 상품을 사는 고객의 비율이 적어지고, 그만큼 영업사원에 의한 설득이 필요해진다.

이 책에 제시한 것은 어디까지나 가이드라인이다. 가이드라인을 각자 자신의 회사, 자신의 일에 맞게 응용하는 것이 중요하다.

결국 현재 영업사원에게 요구되는 것은 설득기술이 아니다. 영업을 효율화하는 기술이다. 물건이 넘쳐나는 시대에는 설득하려는 사람은 곧 귀찮고 짜증나는 존재로밖에 인식되지 않는다. 가망이 없는 고객과 춤추는 영업사원은 실적은 오르지 않고, 결국 회사로부터 없어도 되는 쓰레기 같은 존재로 평가될 뿐이다.

지금까지의 상식에 사로잡혀 있다가는 팔 수 있는 것도 못 판다. 당신은 남에게 불필요한 존재로 인식되기를 바라는가? 사내에서 쓰레기라고 불리고 싶은가? 물론 아닐 것이다.

싫다면 당장 오늘부터 '영업의 귀재'로 변신하기로 하자!

최단기간 성공프로젝트 제4단계

고객을 늘리고 매출을 극대화하는 방법

상식을 뒤엎을수록 업계의 풍운아가 될 가능성이 높다.

고객을 불러모을 수 없으면 창업은 꿈 이야기

　말도 안 되는 시대에 우리는 사업을 하고 있다. 매출은 오르지 않고 이익도 잘 생기지 않는다. 전혀 앞이 보이지 않는다. 보이는 것이라고는 단 한 가지, 기존고객이 해마다 빠져 나갈 것이라는 사실. 이런 상황을 어떻게든 타개하지 않는다면 사장에게도 직원에게도 결코 내일은 없다.

　문제는 고객이 없다는 데 있다.

　"내 앞에 고객만 있으면 반드시 지갑을 열게 할 수 있는데……."

　그러나 지금은 그럴 고객이 없다. 수완은 있지만 일이 없다. 태세는 갖춰졌지만 아무것도 못하고 있는 영업사원이 전국에 넘쳐나고 있다. 그리고 언젠가는 내게도 밝은 날이 오겠지 하면서 살고 있다.

　당신이 높은 기대감을 안고 창업한다 해도 눈앞에 고객이 없다면 늦든 빠르든 회사는 파탄날 것이다. 이 얼마나 슬픈 일인가. 큰맘 먹고 창업해도 당신의 뜨거운 열정을 보여줄 상대가 없다는 것, 씨름으로 말하면 부전패. 시합 첫날에 씨름판으로 가다 넘어져서 도중에 결장하는 것과 똑같은 이야기다. 싸워보지도 못하고 패한 결과니 울래야 울 수도 없는 일이다.

　회사라는 것은 고객이 많으면 매출은 향상하게 되어 있다. 이익도 생기고 회사에도 현금이 돈다. 따라서 자금조달을 하느라 골머리를 앓는 일도 없게 된다.

　그러나 문제는 집객방법을 모른다는 사실이다. 지금까지 아무도 가르쳐 주지 않았기 때문이다. 이야말로 난센스다. 차에 탄 것은 좋았지만 결국 엔진 시동법을 모르는 것과 같다.

　또한 많은 경영자가 이런 발상에 빠져 있다.

　"영업사원에게는 매달 높은 급여를 지급하고 있다. 담당지구의 집객, 계약, 납품, 수금, 애프터서비스, 이 모든 것을 시키는 것은 당연하다."

　그리고 자신은 사람을 관리하러 돌아다닌다. 물론 그런 쪽이 사장하기는 편할 것이다. 머리를 쓰지 않아도 몸을 쓰지 않아도 사장을 할 수 있으니까. 이런 사장이 경영하는 회사는 대부분이 실적이 좋지 않다. 왜 그럴까?

사장이 해야 할 일을 하지 않고 있기 때문이다. 특히 이런 사장들일수록 정신론을 강조한다. 사원이 출근하기 전에 현관을 청소하고 화장실 청소에 여념이 없다.

지금 시대에 영업사원이 고객을 데려온다는 것은 지극히 어려워지고 있다. 시장이 냉랭해져 있는 이때 영업사원에게 고객모집을 시킨다면 한 사람의 가망고객을 발견하는 데 드는 코스트가 절망적일 정도로 높아져 버린다. 주문을 받으면 받을수록 적자고, 시간이 지날수록 적자는 더 부풀어진다.

팔리지 않는 시대의 집객방법이 있다면 그것은 곧 감정마케팅이라는 집객방법이다.

지극히 기본적인 일인데도 대부분의 경우 이것을 제대로 사용할 줄 모른다. 그래서 아직도 거품경제 때와 똑같은 광고 마케팅을 하는 사람도 있다. 이미지 광고라니 시대착오도 이만저만이 아니다. 이미지 광고로는 절대 고객을 불러모을 수 없고 물건도 팔리지 않는다.

광고해도 문의가 오지 않는다

'광고하면 고객들이 모여들 거야.' 이처럼 안이하게 생각해서 광고 전단지를 뿌리는 사람이 있다. 광고 회사에 전단지를 의뢰해 만들어 길거리에서 배포하거나 신문에 끼워 넣는다.

"전단지를 10만 장이나 뿌렸어. 내일은 전화벨이 여기저기서 울릴 거야!"

다음 날.

"이상하네, 전화가 안 울려. 뭐, 오늘은 날씨가 안 좋으니까, 좋아, 내일이야!" 그 다음 날도 전화는 울리지 않는다.

"그러고 보니 전단지 효과를 보려면 1주일 정도 걸린다고 했지. 그리고 올 엽서들도 있으니까……."

1주일이 지났건만 결국 전화 문의가 5건. 전화로 상담은 했지만 냉담한 반응이 2건. 그야말로 완전 참패. 결국 전단지 제작에 든 돈 전부를 그냥 내다버린 결과가 되었다는 것을 깨닫는다. 그제야 가슴이 철렁 내려앉는다.

"현실은 역시 냉혹해……."

지금 별 생각 없이 전단지를 뿌리면 대체로 이런 결과가 나온다. 주택개조업계에서는 1만 장의 전단지를 뿌려서 전화가 3통이라도 오면 그나마 다행이라고 한다. 이것이 현실이다. 광고 마케팅의 현실을 모르면 몇 번의 큰 실패를 반복하게 된다. 광고에서의 큰 실패는 회사의 생명과 직접적으로 관계되는 일이다.

전단지 10만 장에 100만 엔, 150만 엔을 들였지만 만족스러운 주문도 없고 적자를 보게 된다면, 그리고 또 이런 실패를 반복한다면 1년도 안 되어 회사를 접지 않으면 안 된다.

그렇다면 광고 마케팅은 전혀 필요가 없는 것일까?

아니다, 반드시 필요하다. 돈을 들이지 않고도 많은 고객을 끌어모을 수 있는 방법, 그것이 바로 광고 마케팅이기 때문이다.

히라가 사는 동네에는 돈까스 집이 한 곳 있다. 그 가게에는 항상 고객들이 줄을 서있다. 그 가게가 번창하는 이유는 무엇일까?

"돈까스가 맛있으니까?" 아니다. 이유는 다른 데 있다. 실제로 먹어 보았지만 이 가게의 돈까스는 미안하지만 특별히 맛있다고는 할 수가 없었다. 맛만 비교한다면 다른 가게의 돈까스가 훨씬 더 맛있다. 그러나 많은 사람이 줄을 서면서까지 먹고 싶어 하는 것은 왜일까?

그것은 홍보 방법이 탁월하기 때문이다. 이곳은 맛으로 고객을 모으는 것이 아니라 점포 분위기와 좋은 서비스를 선전한 데 있다. 다른 점포는 무엇을 하느냐, 맛있는 돈까스를 만드는 일에만 몰두하고 있다. 따라서 파리만 날리고 있다.

이 점은 일반 회사에도 적용된다. 물건이 잘 안 팔리는 회사는 좋은 상품을 만드는 데는 열심이지만 제대로 홍보하는 방법을 모른다. 따라서 상품은 좋은데도 고객은 모이지 않는다고 하는 안타까운 상황이 벌어진다. 반대로 고객이 줄을 서고 돈을 많이 버는 회사는 상품보다 광고와 홍보 방법을 더 연구한다. 자신을 좀 더 강하게 연출하는 방법을 공부하고 있는 것이다.

광고와 홍보에는 당신에게 막대한 이익을 가져오는 힘이 비축되어 있다. 그런데도 많은 회사가 그 힘의 90퍼센트를 잠재워 두고 있다. 고객이 줄을 잇는 광고와 그렇지 않은 광고의 차이는 무엇일까? 그 차이를 안다면 당신은 반드시 집객의 프로가 될 수 있다.

라이벌에게 절대 알리고 싶지 않은 골드러시 집객법

고객이 모이는 광고에 대해서 함께 생각해 보기로 하자. 당신이 광고를 내는 것만으로 고객의 전화가 여기저기서 오도록 만들려면 어떻게 하는 게 좋을까?

"광고를 화려하게 하는 거죠. 그렇지 않으면 눈에 안 띄니까."

맞는 말이다. 그밖에는?

"파격적으로 싼 상품을 내놓는 거예요. 파격가 상품을 짠하고 선전하고, 사람들의 흥미를 끌어 모으는 거죠."

그밖에는?

"으음…… 더는 생각이 안 나는군요."

좋은 의견이다. 하지만 광고를 화려하게 한다고 해서 고객의 반응을 기대한다는 것은 어렵다. 무엇보다 돈이 많이 든다. 그리고 광고의 화려함에 끌렸던 사람들은 물건을 사지 않는다. 막대한 돈을 쏟아 부었지만 결국 안 살 고객만을 모으는 일이 되어 버리기 일쑤다. 당신이 고객을 모으는 것이 취미라면 그래도 괜찮겠지만 회사를 경영해서 돈벌 생각이라면 방법을 바꿔야 한다.

그리고 다음은 파격적인 할인가 상품으로 주목을 모은다는 것이었다. 이것은 상당히 좋은 점을 지적하고 있다. 사실은 광고를 통해 고객을 모으는 기본은 여기에 있다. 즉 고객에게로 가는 메리트를 내세워 반응을 얻는 일. 이것이야말로 광고와 홍보로 높은 반응을 얻기 위한 대원칙이다.

마케팅에서는 고객에게 자신 있게 내놓는 메리트를 '오퍼'라고 한다.

오퍼란 간단하게 말해서 '무료 ○○'을 의미한다. 무료 쿠폰, 무료 샘플, 무료 소책자 등이다. 꼭 무료일 필요는 없다. 가입자 우대가격, 첫구매자 할인도 훌륭한 오퍼다. 그리고 오퍼를 선전하는 것만으로도 많은 가망고객을 발견할 수 있다.

이 부분이 포인트이므로 다시 한 번 말한다. 오퍼를 광고하는 것만으로도 많은 가망고객을 불러모을 수 있다.

"오퍼만으로도 문의전화가 많이 온다고?"

그렇다. 분명히 많은 전화가 걸려온다.

왜일까?

그것은 고객이 '나에게는 뭐가 메리트가 되는 게 없을까?'하는 목적으로 광고를 보기 때문이다. 자신에게 메리트가 있는 정보를 모으는 게 바로 소비자다. 따라서 자신에게 메리트가 없으면 재빨리 다른 광고로 옮겨 간다.

단, 메리트가 있다고 느껴지면 눈을 동그랗게 뜨고 읽는다. 그리고 전화기로 달려간다.

이것이 고객의 보편적인 반응이다. 그러므로 오퍼를 광고하는 것만으로도 전화벨이 울리는 횟수가 증가하게 된다.

그러면, 지금까지의 홍보 방법은 어디가 잘못된 것일까.

많은 회사들은 광고로 상품을 팔려고 한다. 그래서 안 팔리는 것이다.

잘 생각해 보자. 당신은 광고만 보고도 상품을 사는가?

생활 잡화품이 아닌 한 사지 않는다.

광고를 보고 "이것 주세요"라고 전화를 거는 사람은 없다. 있다고 한다면 상당히 특이한 사람이다.

그런데도 자신이 파는 입장이 되면 갑자기 상품을 선전하고 알아서 사줄 고객의 전화를 기다린다. 그리고 전화가 울리지 않으면 바로 고민하고 낙담에 빠진다. 자신이라도 안 사는데 남들이라고 살 이유가 어디 있겠는가.

무엇보다 광고의 목적은 상품을 파는 것이 아니라 가망고객을 모으는 것임을 알아야 한다. 바로 오퍼를 사용해서. 그러므로 이번에는 오퍼에 대해서 좀 더 상세하게 설명해 보겠다.

고객이 손쉽게 주문할 수 있는 오퍼

그러면 메리트를 제시하는 경우 상품 자체로 사람들의 마음을 끌 수 있을까?

쉽지 않은 일이다. 가격이 약간 싸면 고객의 관심을 끌지 못하고, 너무 싸게 하면 경쟁사들의 말이 많다. 게다가 자사의 도덕성도 문제시된다. 그러나 무료 샘플, 무료 소책자 등의 오퍼라면 문제는 간단하다.

예컨대 당신이 손을 보호하는 세제를 팔고 있다고 한다면 무료 시범세트를 오퍼로 광고하면 된다. 그러면 손이 거칠어져 고민인 주부에게는 큰 메리트가 되고, 무료라면 한번 써보고 싶다는 생각에 당신에게 전화하게 된다. 이것이 전형적인 패턴이다.

더 높은 반응을 얻기 위해서는 상품에 따라서 오퍼를 달리 사용하면 된다. 일반적으로 저가 상품은 쿠폰권이나 샘플을 오퍼로 삼는다. 주택, 개조, 자동차 등의 고액상품은 소책자가 좋을 것이다.

'소책자? 뭔데 그게?'라고 생각할 것이다.

히라가 실제로 최강의 집객 도구로 사용하고 있는 소책자《이것으로 안심! 집짓기를 성공시키는 10가지 체크 포인트》를 예로 설명해 보겠다.

A5(149×209mm), 56페이지의 작은 크기의 이 책이 히라에게 큰 기적을 가져왔다. 이미 전국에서 6만 권을 넘는 숫자가 나왔다. 그야말로 숨겨진 베스트셀러인 셈이다.

그러면 왜 고객들은 이런 소책자를 원하는 것일까?

고객은 내 집을 지으려고 생각한 순간, 파고드는 불안이 있다.

'혹시 건축업자에게 속지는 않을까?', '영업사원의 꼬드김에 넘어가선 안돼', '결함 주택은 절대 짓고 싶지 않아!'

이러한 생각들 때문에 고객들은 서점에서 관련 서적을 찾아보고, 인터넷 부동산 카페나 유튜브 등에서 정보를 모은다. 그런 다음 모델하우스에 간다. 그러나 실제로는 책은 내용이 어렵고 인터넷 등에서는 알짜배기 정보는 없다. 또 모델 하우스에 방문해도 영업사원은 결코 진실만을 말하지는 않는다. 가령 어떻게 하면 싸게 지을 수 있는가 하는 것은 절대 가르쳐주지 않는다.

따라서 제대로 된 주택 건축정보를 원하는 사람에게 이렇게 말하는 것이다.

"영업사원은 절대 가르쳐주지 않는 정보와, 공사업자가 반드시 비밀로 하고 싶어 하는 내용을 소책자로 정리했는데 읽어 보지 않겠습니까?"라고.

그러면 사람의 심리상 이 소책자를 읽지 않고는 도저히 견딜 수 없게 되는 것이다.

"업계의 비화를 밝혀버리면 스스로 제 목을 죄는 일 아닌가요?"라며 걱정하는 사람이 있다. 하지만 괜찮다. 생각해 보자. 연예계를 폭로하는 책을 썼다고 연예계를 떠난 사람이 있는가? 그런 일은 없다. 자신의 목을 죄는 내용은 고객이 가장 듣고 싶어 하는 부분이다. 물론 모든 것을 다 털어놓는 것은 정말 멍청한 짓이다. 요점만을 말하고 '이 이야기는 계속 됩니다'라고 은밀히 밑밥을 던져놓으면 되는 것이다.

고객의 머릿속을 정리해주는 광고 노하우

지금까지의 이론 설명만으로 좋은 결과를 볼 수 있는 사람은 별로 없다. 서점이나 인터넷에 넘쳐나는 정보가 큰 도움이 안 된다고 말하는 이유는 거기에 있다. 당신이 최단시간에 성공하기 위해서 엘하우스의 성공사례를 공개한다.

먼저, 다음 페이지에서 10만 엔의 비용을 들인 광고를 한번 살펴보자.

좀 더 '가격이 싸지면' 집을 지으려고 생각하시는 여러분께!
경고! 평당 40만 엔 이하의 주택을 계약하기 전에
가이드 북 무료 증정. 선착순 50명.
저비용 주택 안내서 2021년판
누구나 반드시 범하는 실수와 그 방어책이란?
《이것으로 안심! 성공하는 집짓기의 10가지 포인트》

− 1급 건축사 히라 히데노부 −

(이하는 광고지에 실린 전문입니다)

주택 광고는 가격표시에 관해 통일된 기준이 없습니다. 그때문에 265만 엔이라고 표시돼 있지만 실제 품질은 가지각색. 특히 평당 40만 엔 이하로 표시된 주택은 내구성, 안전성 면에서 우려됩니다.

그래서 평당 40만 엔 이하로 표시된 주택을 계약하기 전에 알아야 할 체크포인트를 1급 건축사인 히라 히데노부가 가이드북으로 쉽게 정리했습니다. 책이나 인터넷 등에서는 얻을 수 없는 실무적인 정보가 가득합니다. 그 일부를 소개하겠습니다.

1. 모델하우스의 올바른 견학 방법을 알 수 있다.
2. 싸고 좋은 주택 짓는 법을 알 수 있다.
3. 저비용 주택의 가격 형성을 알 수 있다.

전국에서 많은 분들이 가이드북을 읽고 평을 남겨주셨습니다.

"어떻게 하면 결함 주택을 알아볼 수 있는지 잘 알았어요."
"싸도 좋은 집은 얼마든지 지을 수 있다는 것을 알았습니다."
"이 책을 읽고 그동안 궁금했던 것을 모두 알 수 있었어요."
"지금 집을 짓고 있는데 짓기 전에 읽었으면 좋았을 것 같아요."

이 가이드북을 선착순 50분께 무료로 드립니다.

무료로 드리는 이유는 주택 건축에 실패하는 분들이 늘고 있기 때문입니다. 프로인 우리가 올바른 정보를 전달하지 않는다면 앞으로 내 집 짓는 꿈은 더 이상 꿀 수 없게 될 것입니다.

옆집은 비슷한 집인데도 비용이 600만 엔이나 차이가 났다거나 신축인데도 습기가 생겨 고생하고 있다는 등의 불만을 자주 듣습니다. 우리 회사에는 실제로 그런 분들의 주택 개조 의뢰가 자주 들어옵니다. 후회하지 않는 내 집을 짓기 위해서 서점에서도 팔지 않는 이 한 권의 책을 희망하시는 분께 보내드리고 있습니다.

신청방법은 간단합니다.

지금 곧 전화, FAX, E메일로 '무료 가이드북'을 신청해주십시오.

이것이 바로 10만 엔의 광고비로 82건의 수주를 따낸 광고다. 일본 주택업계의 고객 확보 비용과 비교하면 엘하우스가 고객을 확보한 데 사용한 비용은 50분의 1이다. 참으로 경이적인 숫자가 아닐 수 없다.

이처럼 좋은 결과가 나온 것은 무엇 때문일까?

<u>그것은 '고객의 머릿속을 시원하게 정리해준 광고내용'에 있다.</u>

구입을 결정하기 전 고객의 머리는 매우 혼란스러운 상태다. '도대체 뭘 믿어야 좋을까?' 이것이 광고를 보는 고객의 심리다. 거기에 진실을 가르쳐 주는 사람이 나타났다고 한다면 누구나 반드시 얘기를 듣고 싶어지는 것은 당연하다.

그렇다. 진실을 가르쳐 주는 존재, 그것이 10만 엔으로 82건의 고객을 모은 광고의 비밀인 것이다.

이 광고로 알 수 있는 것은 단 한 가지.

"이 소책자를 읽으면 집 짓는 기준을 알 수 있다."

단지 이것뿐이다. 그러나 진실을 알고 싶어 하는 고객의 요구에 부응하고 있기 때문에 문의가 쇄도한 것이다. 고객이 원하는 것은 결코 회사소개와 상품설명이 아니다. 정말로 원하는 것은 올바른 정보와 그 정보를 제공해 주는 사람인 것이다.

고객은 어항 속의 금붕어

매력적인 오퍼를 광고 마케팅하면 많은 고객을 모을 수 있다는 것은 알았다. 그러나 개중에는 전혀 마음이 움직이지 않는 고객도 있다. 당신이 그 고객을 움직일 수 있다면 그때는 축하할만한 집객의 프로가 되었다고 말할 수 있을 것이다.

그래도 전혀 꿈쩍하지 않는 고객이 있다면 '어항 속의 금붕어'라고 생각하고 대처하면 비교적 쉽게 움직일 수 있다. 금붕어는 현재 만족스럽고 행복한 상태다. 어항 속에만 있으면 먹이 걱정도 없고 적으로부터도 안전하다. 따라서 금붕어는 움직일 필요가 없다.

그러면 금붕어를 움직이려면 어떻게 하는 게 좋을까? 게다가 손으로 잡지도 않고 움직일 방법은? 바로 이 질문에 고객을 움직여 구매 결정을 내리게 할 열쇠가 숨겨져 있다. 1분간의 시간을 줄 테니까 문제의 답을 생각해 보자.

딩동댕!
답은, '어항 앞에 고양이를 둔다'이다.

그러면 손으로 잡지 않아도 금붕어는 황급하게 움직이도록 되어 있다. 그러면 고객에 대한 고양이는 무엇일까? 바로 '문제제기'다. 고객을 움직이게 하려면 먼저 문제제기를 하고 지금 상황이 위험한 상태라는 것을 깨닫게 하면 된다. 그러면 고객은 문제 해결책을 알지 않고는 견딜 수 없게 된다.

<u>다시 말해 문제제기를 광고로 삼으면 해결책을 찾아서 고객이 모여들게 되는 것이다.</u>

히라는 광고 서두에 '아직은 집짓지 마라!'라는 말을 사용했다. 그 결과 큰 반응을 얻는 데 성공했다. 말 하나로 고객이 움직이는 이유는 무엇일까?

사람은 '아직은 집짓지 마라!'라는 말을 보면 '왜 지으면 안 되는 거지?'하고 의문을 갖게 되고 집 짓고자 먹었던 마음도 흔들리게 된다. 그러면 문의하는 사람이 늘어난다. 이것이 진자 이론을 사용한 타이틀의 테크닉이다.

진자 이론은 카피 문구 속에서 만의 얘기가 아니다. 사람의 행동 패턴을 여실하게 나타내 준 이론이기도 하다.

예컨대 학창시절에는 문제가 많았던 악동일수록 사회에 나가서는 성공하는 경우가 많고, 반면에 최고학력을 가진 사람이고 학창시절에도 모범생이었던 사람이 전혀 예상 밖의 범죄를 저지르기도 한다. 요컨대 사람의 움직임이라는 것은 진자 이론에 의해서 패턴화 되고 있다. 사람을 움직이게 한다는 것은 과학적으로 충분히 증명되는 것이다.

고객의 마음을 움직이는 사명감

또한 고객의 반응을 더 높이는 방법이 있다. 그것은 당신의 '동기'를 광고 속에서 나타내는 일이다. '동기'를 이번 장에서는 '사명감(mission, 미션)'이라는 말로 바꾸기로 한다. 이 상품을 통해서 나는 사회에 이러이러한 공헌을 하고 싶다고 하는 사명감을 나타내는 것이다.

히라에게는 광고 마케팅에 사용하는 사명감이 있다.

"고등학교를 졸업할 때까지 내 방은 아파트 계단의 한 귀퉁이였다. 내 경험상 아이를 키울 때일수록 내 집이 더 절실하게 필요하다고 생각한다. 하지만 집값은 만만치 않다. 나는 건축가가 되어 젊은 부부도 살 수 있는 싸고 좋은 집을 제공하고 싶다."

회사가 성공한 것은 그의 사명감에 많은 고객들이 공감했기 때문이다. 그의 사명감을 알게 된 고객은 누구나 히라를 좋아하게 되고 믿게 되는 것이다.

남녀의 세계도 마찬가지다. 여자는 사명감을 가지고 미래를 준비하는 남자에게 끌리게 되어 있다. 반면에 사명감도 없고 여자 주변이나 어슬렁거리는 남자는 스토커라고 생각해 피하게 된다. 당신은 어느 쪽이 좋은가? 설마 스토커를 고를 사람은 없을 것이다.

상상해 보자. 당신이 영업을 하러 갔는데 고객이 이런 질문을 했다. "왜 그 상품을 파는 거죠?"라고. 그러자 당신이 "일이니까요"라고 대답한다면 상담은 그것으로 끝이다. 잘 생각해 보라. 일이기 때문에 팔려는 당신에게 고객의 마음이 움직일까? 절대로 움직이지 않는다.

무엇을 위해서 상품을 만들고 있는가?

누구를 위해서 상품을 팔고 있는가?

고객은 당신의 사명감을 사는 것이나 마찬가지다. 많은 회사는 이러한 기본적인 사상을 잊고 있다. 개중에는 훌륭한 사명감을 가진 사람도 있을 것이다. 그러나 그 사명감을 고객에게 전하지 못하고 사무실의 장식품 역할만 한다면 아무 소용이 없다.

당신의 사명감을 많은 사람에게 광고로 전달해야 한다. 그러면 당신의 숭고한 사상에 고객은 반드시 공감할 것이고 분명히 당신에게서 상품을 사게 되는 것이다.

태풍의 눈 작전

지금까지 광고 마케팅으로 고객의 반응을 얻기 위해서는 3가지 요소가 필요하다는 것을 배웠다.

1. 오퍼를 준비한다.
2. 문제제기를 한다.

3. 사명감을 제시한다.

솔직히 이것만으로도 많은 고객을 확보할 수 있다. 그러나 당신이 더 큰 성공을 원한다면 또 한 가지 해야 할 일이 있다.

그것은 업계의 상식에 도전하는 일이다. 당연하다고 생각하는 업계의 상식은 고객에게 있어서는 비상식적인 일이 많다. 어느 업계에나 보면 소비자가 납득하지 못하는 나쁜 관행을 가지고 있다. 거기에 과감하게 메스를 가하는 것이다.

주택업계의 경우로 비춰보면, 비용을 지불하고 나면 업자의 태도가 달라진다거나, 평 단가와 인수 가격이 크게 다르다거나, 건축 중인 집을 공개하지 않는 등의 불투명한 관행이 있다. 실내 인테리어도 마찬가지다. 이것들은 업자에게는 상식이지만 고객에게는 지극히 비상식적인 일이다.

이러한 비상식을 폭로하고 업계의 상식을 뒤엎어 버린다면 평범한 사람이라도 일순간에 영웅으로 바뀔 수 있다. 그리고 고객은 확실하게 당신 편이 된다. 왜? 어느 시대이든 서민들은 영웅을 사랑하게 마련이니까.

파는 쪽과 사는 쪽은 일종의 적대관계라고도 할 수 있다. 고객이 내편이 되어 준다면 말하지 않아도 팔리리라는 것은 쉽게 상상할 수 있다.

업계의 상식에 도전해 다음과 같이 광고했다.

저희 저비용 주택연구회는 주택업계의 3가지 상식과 맞서 싸우겠습니다!
주택업계의 3가지 상식은 사회의 비상식!

상식1. 옵션 공사와 경비가 별도로 되어 있다.
상식2. 광고의 평단가와 견적가격이 크게 다르다.
상식3. 건축 중인 집을 일반에게 공개하지 않는다.

<u>이렇듯 당신이 업계의 상식에 싸움을 걸 자신이 없다면 앞으로는 살아남을 수 없다는 것을 알아야 한다. 왜냐하면 우리들은 지금 그 동안의 성공 패턴이 전혀 통용되지 않는 힘든 세상에서 싸우고 있기 때문이다.</u>

고객을 내편으로도 만들지 못 하고서 "뛰어난 상품입니다. 편리한 상품입니다"라고 아무리 큰소리로 외쳐 보았자 소용없는 일인 것이다.

당신은 업계의 상식을 깰 수 있는가?

많은 사람은 소수로부터 미움 받는 것이 무서워서 결단을 내리지 못하고 있다. 어느 분야에서나 가장 발 빠른 사람이 이기게 되어 있다. 하나의 상권에서 그 업계의 상식을 깰 수 있는 것은 한 사람뿐이다. 당신이 업계의 상식을 뒤엎는다면 엘하우스가 2년만에 1위 자리에 올라선 것처럼 세력지도는 단숨에 달라질 것이다.

그러면 다음 페이지에 당신이 속해 있는 업계의 상식을 10가지만 적어 보자.

이 가운데에서 당신은 몇 가지의 상식을 뒤엎을 수 있을까? 많으면 많을수록 당신은 업계의 풍운아가 될 가능성이 높다.

업계의 상식에 싸움을 거는 광고를 '태풍의 눈 작전'이라고 한다. 당신이 곧 태풍의 눈이 되기를 바란다. 결코 주변에서 떠다니는 나뭇잎이 되지 않기를 바란다.

■ 당신이 몸담고 있는 업계의 상식들 ■

1.

2.

3.

4.

5.

6.

7.

8.

9.

10.

최단기간 성공프로젝트 제5단계

매스컴으로 부를 쌓고 유명인이 되는 방법

가장 좋은 상품은 바로 자기 자신이다.

TV에 나오는 것은 우연이 아니다

2001년 9월 15일, 오후 6시 30분.

히라의 회사 엘하우스가 TV 뉴스에 소개되었다. '불황시대에 성공하는 작은 주택건축회사'라는 타이틀로 7분간의 특집으로 방송되었다. 방송이 나간 후에 이런 전화가 회사에 걸려 왔다.

"너 열심히 살았더구나! 정말 기뻤어. 성공한 사람이 난 너무 좋더라!"

히라가 초등학생 때 좋아했던 여자 동창에게 들은 말이다. 히라는 역시 TV의 힘은 위대함을 실감하며 더 없이 행복한 기분을 맛보았다.

전화는 그녀에게서만 온 것이 아니었다. 약간 과장해서 방송 후,

사무실 전화가 끊이지 않고 울렸을 정도다. "정말로 이런 회사가 있습니까?", "지금 집을 지을까 계획 중인데 한번 와주시지 않겠습니까?" 60킬로미터나 떨어진 지역에서도 전화가 왔다. 엘하우스의 하청 내장업자로부터도 전화가 왔다. "사장님 굉장하네요. TV 방송국에서 취재하러 왔습니까? 정말 대단하세요!"

그러나 절대 우연이 아니다. 히라는 반드시 TV에 나오겠다고 결정했기 때문에 TV에 나온 것이다. "스스로 나오겠다고 결정하면 나올 수 있다고?" 물론이다. 히라는 2년 동안에 14회, TV, 라디오, 신문, 월간지 등에 등장했다.

"아, 알았다. 남 몰래 돈을 많이 썼구만." 유감스럽지만 그것도 아니다. 히라는 누군가에게 사정하는 것은 아주 싫어한다. 하물며 구두쇠이기 때문에 그런 일에 돈을 쓴다는 것도 있을 수 없다. 전부 공짜로 나온 것이고, 돈은 한 푼도 들이지 않았다. "전부? 14건이나 모두?" 그렇다, 14건 모두.

물론 이유도 없이 매스컴에 등장하는 것은 아니다. 나오는 데는 나올 목적이 있다.

목적은 두 가지다.

<u>첫째는, 자신을 팔아 유명해지는 일.</u>
<u>둘째는, 돈을 들이지 않고 광고하는 일.</u>

매스컴에 등장하면 돈이 없어도 자사를 선전할 수 있고, 사업도 순조롭게 궤도에 올릴 수 있다. 어떻게 하면 매스컴의 취재를 받을 수 있을까? 구체적인 방법에 대해서 설명해 보겠다.

팩스 한 통으로 인생이 달라진다

세상에는 보통 사람에게는 알려지지 않은 세계가 많이 있다. 당신은 알고 있는가? 팩스 한 통으로 매스컴이 취재하러 온 사실을. 그리고 당신의 인생이 달라진다는 것을. 거짓말이 아니다. 상상해 보자. 당신이 매스컴에 취재를 받고 신문에 대서특필된다면 그날부터 일약 스타가 된다. 더불어 당신이 팔고 있는 상품을 홍보한다면 다음 날부터 주문 전화가 끊이지 않는 상황이 될 것이다.

그러나 보통 사람으로서는 매스컴에 나온다는 것은 있을 수 없다고 생각한다. 과연 그럴까? 그것은 잘못된 생각이다. 누구나 매스컴에 나올 수 있다. 다만 기자를 당신 앞에 데려오기만 하면 되는 것이다. 너무 간단한 방법이니 놀라지 않기를 바란다.

A4 크기의 종이 한 장에 글을 써서 팩스기기에 넣고 시작 버튼을 누르기만 하면 된다. 그렇게 하면 기자로부터 전화가 걸려오고 그 후 당신 앞에 나타난다. 그리고 기사화 된다.

이 방법은 지금까지 세상에 알려진 적이 없었다. 악용될 가능성이 있기 때문이다. 그도 그럴 것이 팩스 한 장으로 매스컴에 거론 된다면 누구나 해보고 싶어 할 것이고, 게다가 그렇게만 할 수 있으면 누구나 성공할 테니까 말이다. 자기 사업을 꿈꾸면서도 생각만 간절하고 행동으로 옮기지 못하는 이유 중 하나는 자신을 파는 기술을 모르기 때문이다. 물론 돈을 들이면 매스컴에 나올 수는 있을 것이다. 그러나 몇 백만, 몇 천만 엔의 돈이 들고, 문제는 그럴만한 돈이 없다는 것이다. 그런 사람에게는 제격인 방법이다. 이것은 지금까지 일부 사람만이 알고 있던 금단의 방법이다. 이번에는 그 방법을 전부 공개하기로 하겠다.

매스컴에 등장하는 방법

히라가 창업했을 때 제일 먼저 한 것은 매스컴에 자신을 알리는 일이었다. 히라가 어떻게 대중 언론에 데뷔했을까? 그 순간을 재현해 보기로 하자.

결함주택 견학회 개최! 사상 최초로 견학회를 열다

엘하우스라는 이름으로 회사를 차렸을 무렵이다. A 씨라는 사람이 집을 지었는데 나중에 발견된 결함이 한두 가지가 아니라며 속상해 하는 모습을 본 적이 있었다. 그를 보면서 히라의 머리를 스치는 게 있었다.

'이 문제를 언론에 알린다면…….'

A 씨에게 간청해서 곧 바로 결함주택 모임을 열기로 했다. 결함주택에 관한 지식을 일반 소비자에게도 전하고 싶다는 취지로 지역 신문에 광고를 내고, 각 언론사에 A4 1장의 보도자료를 팩스로 보냈다. 지금까지 아무도 한 적이 없는 형태의 모임이다. '매스컴이 몇 곳이나 모여들까?' 흥미는 그 한 가지였다.

그날 회의장에는 사람들로 매우 혼잡했다. 일반 소비자들도 많이 모이고, 배운 게 많았다는 좋은 평도 꽤 받았다. 가장 중요한 신문사가 자그마치 네 곳이나 찾아왔다. 덕택에 주택전문지도 한 곳 취재하러 왔다.

그 중에서 세 신문사가 기사화했고 전문지에는 1면에 크게 실렸다. 엘하우스의 전화번호도 실리고 소비자로부터 자료청구 문의도 쇄도했다.

그렇게 해서 주택판매를 위한 가망고객을 하루아침에 확보할 수 있었던 것이다. 이때 사용했던 신문광고비는 겨우 3만 엔. 적은 광고비용으로 수백만 엔의 효과를 얻을 수 있는 것, 이것이 매스컴 이용의 최대의 이점이다.

갑자기 방송국이 취재하러 왔다

그리고 1년 후에는 TV에 출연했다. 이번 장의 서두에서 말했던 뉴스가 그것이다. 이때도 평소처럼 보도자료를 써서 팩스로 각 매스컴에 보냈다. 실은 이 팩스는 TV 방송국의 취재를 받고 싶어서 보낸 것이 아니다. 취재하고 싶었던 것은 신문사이고, 팩스를 보낸 곳은 모두 지방 신문사와 업계 신문사다. 그럼에도 불구하고 어떻게 TV 방송사가 취재를 왔을까?

나중에 밝혀졌지만 사원의 실수로 TV 방송국에도 팩스가 보내졌기 때문이었다. 잘못 흘러 들어간 세 방송사 중에서 세 곳 모두 취재의뢰가 들어왔다. 두 곳은 타 지역 방송국이었기 때문에 정중하게 거절했다. 그리고 아사히 방송의 취재만을 받고 저녁 시간대에 편성된 것이다. 빗나간 총알이었던 TV 방송국이 취재하고 싶다며 알아서 찾아온 것이라는 얘기다. TV 방송국조차 취재를 받는 것은 이렇게 간단하다. 매스컴이라는 업계는 결코 문턱이 높은 곳이 아니다.

다른 회사도 있는데 왜 취재하러 왔을까?

히라가 결함주택 공부회를 주재하고 있을 무렵 회사는 이제 막 설립된 단계라 아직 이렇다 할 실적이 없었다. 그런데도 5개 언론사가 직접 찾아와 인터뷰를 요청했고 기사화되었다. 그 이유는 무엇이었을까? 그것은 물론 언론에 자신을 알리는 방법을 알았기 때문이다.

그리고 다른 회사는 자신을 알리지 않았기 때문에 매스컴에 못 나온 것이다. 먼저 알리는 방법을 알고 있어야 하고, 또 누구보다 먼저 알리는 사람만이 취재를 받을 수 있다.

물론 개중에는 광고회사 등을 통해서 자신을 알리는 회사도 있다. 많은 취재의뢰가 있었을 텐데도 그 중에서 담당기자가 엘하우스를 선택하게 된 것은 무엇 때문이었을까?

그것은 프레스릴리스(매스컴에 보내는 팩스)가 좋았기 때문이다. 매스컴은 자사 홍보에는 절대 관심을 갖지 않는다. 그러나 소비자를 위한 내용이라면 적극적으로 취재해 주는 게 매스컴이다. 그 포인트를 제대로 만족시키고 있었기 때문에 기자가 몇 사람이나 찾아왔고 보도된 것이다.

<u>보도자료를 보내는 것도 여러 가지를 시도해 본 결과, 가장 기사화되기 쉬운 법칙을 발견했다. '소비자의 고민과 분노 혹은 어려운 일 등을 해소해줄 수 있는 방법이 있다. 그 내용을 무료로 공개하고 싶다.' 이러한 취지가 가장 기사화 되기 쉽다.</u>

매스컴에 나오는 보도자료 작성법

그러면 보도자료를 보내는 방법을 구체적으로 얘기하겠다.

A4 용지에 '보도자료'라고 기재하고 필요사항을 쓴 후, 팩스로 각 매스컴에 발송하면 된다. 단 팩스를 보내기 전에 고지하는 데 있어서 포인트가 있다.

포인트1. 보도자료의 형식을 지킬 것.

보도자료, 즉 프레스릴리스란 스스로 기사를 써서 신문사 등에 보내는 것을 말한다(내용에 대해서는 나중에 설명한다). 연락처를 명시하는데 전화는 반드시 직통 전화번호로 해야 한다. 연예계에서 하는 기자회견을 와이드쇼로 본 적이 있을 것이다. 모두 마찬가지다. 보도자료를 각 매스컴에 보내진 결과다.

포인트2. 전부를 보이거나 말하지 않는다.

잡지의 타이틀처럼 아쉬워할 정도만 보여주는 것이 중요하다. 결코 모든 것을 밝혀서는 안 된다. 기자는 보이지 않는 부분에 흥미를 느끼고 당신에게 찾아온다. 그러나 독자에게 주어지는 메리트는 제대로 설명해야 하는 것을 잊어서는 안 된다.

포인트3. 오퍼를 준비한다.

오퍼란 소비자에게 제공되는 메리트다. 기자가 당신을 취재함으로써 소비자에게 어떤 메리트가 있는가. 기자가 당신 앞에 나타나느냐 마느냐는 이 점에 달려 있다고 해도 과언이 아니다. 매스컴은 단순한 자사 홍보나 소비자에게 메리트가 없는 내용은 다뤄주지 않는다. 반드시 소비자에게 어떤 메리트가 있는가를 명확하게 해두는 것이 중요하다.

그럼, 매스컴에 등장하는 방법으로 가장 중요한 것은 팩스로 보내는 보도자료의 내용이다. 내용이 '귀여운 아기 고양이가 6마리 태어났습니다. 키워주실 분 구함', '위협의 다이어트식품 일본 상륙. 지금 구매하는 분께 무료로 또 한 상자 선물 중!' 이런 것으로는 절대 보도되지 않는다. 매스컴에 거론되는 데는 몇 가지 포인트가 있다. 이 포인트를 짚고 가기로 하자.

① **새로운 트렌드**

사회에는 그때 그때 트렌드가 있다. 그것은 어떤 상품이거나 이벤트이거나 사건이기도 한다. 요즘 같으면 부동산, 주식, 코로나 같은 전염병. 대중을 단숨에 끌어당기는 것, 그것이 트렌드다.

<u>대중이 주목하는 트렌드와 자신의 주장을 접목시켜 최고의 화제를 만들어버리는 것이다. 그러면 상당히 높은 확률로 취재를 받을 수 있다. 게다가 현재 유행하고 있는 말을 타이틀에 그대로 유</u>

용하는 것만으로도 반응은 달라진다.

② 사회에 공헌할 수 있는 활동

이른바 자원봉사 활동이다. 매스컴은 독자가 흥미를 갖는 화제를 제공하고 시청률과 판매부수를 늘리는 것으로 이익을 낸다. 그것이 그들이 하는 비즈니스다. 한편, 사회에 대해 문제를 제기하거나 입장이 약한 쪽을 돕기 위한 언론활동을 하는 일도 그들의 직무다. 매스컴은 당연히 자원봉사 활동에 관심이 높고, 그런 내용이라면 기사화되기 쉽다. 히라의 결함주택 공부회도 자원봉사 활동적인 요소가 짙기 때문에 몇 개의 매스컴이 한번에 모여든 것이라고 생각된다.

③ 무료 소책자를 드립니다

이것은 믿을 수 없을 만큼 큰 반응이 있다. 주택처럼 고급 상품을 파는 경우에 소책자를 쓰는 일이 많다. 투스텝의 판매방법을 취하기 위해서다. 예컨대, '무리한 주택 융자금 때문에 파산하는 사람이 끊이지 않는다. 소비자에게 올바른 융자 방법을 알려 주고 싶다고 1급 건축사인 히라 히데노부 씨가《세계에서 제일 간단한 주택 융자 이야기, 부자 가족과 가난한 가족》이라는 긴급 리포트를 작성했다. 이 소책자를 소비자를 위해서 무료로 배포하겠다'라고 한 것이다. 무료 배포가 포인트다.

④ 틀을 깨는 우스꽝스러운 방법

다양한 방법을 다 써도 기자에게 연락이 없으면, 틀을 깨는 방법으로 노선을 변경하는 것도 나쁘지 않다. 건어물을 판매하는 '일본 건어물 산업주식회사'의 아키타케 사장은 스스로를 바나나맨이라고 칭하고 바나나 의상을 입고 TV, 신문, 잡지에 나간다. 그의 매스컴 등장횟수는 자그만치 1백 건이 넘는다. 모방할 수 있는 회사가 없다. 아키타케 씨는 매스컴을 이용할 줄 아는 사람이다. 기자는 상식을 벗어난 다소 우스꽝스러운 일에도 흥미를 보인다는 것을 알고 있었던 것이다. 따라서 스스로 넥타이를 벗어던지고 바보를 연기하며 매스컴을 이용하고 있다.

바보가 될 수 있다는 것은 사람이 그만큼 크다는 것이다. 연예계에서도 돈을 많이 버는 부류 중 하나는 권위나 위신을 버리고 자신을 던질 줄 아는 개그맨이나 웃음 주는 연예인이라는 점에서도 바보 연기를 하는 사람들이 얼마나 유능한지 알 수 있다.

매스컴에서 연락이 오면

그러면 매스컴에서 연락이 있을 경우, 취재 당일에는 무엇을 준비하고 어떻게 대응하면 좋을까?

먼저 '프로필'과 '질문안'을 준비해 두어야 한다. 당신의 약력을 준비해두는 일은 설명할 필요도 없다. 자신을 상세하게 알리고 밝히는 일이 된다.

그러면 질문안이란 무엇인가? 왜 준비해야 하는가?

목적은 자신에게 유리한 질문을 받기 위해서다. 어차피 어렵게 취재를 받았는데 이쪽이 의도하는 기사를 써주지 않는다면 의미가 없다. 그래서 질문 받고 싶은 내용을 종이에 써서 기자에게 건네준다. 그러면 기자도 무엇을 질문할까 생각하는 수고를 줄일 수 있고, 쓰인 질문사항을 그대로 질문하게 된다. 한 마디로 이쪽이 의도하는 내용대로 기사가 되게 하는 기법이다.

또 한 가지 중요한 점은 기사에 자기 회사의 전화번호, 혹은 홈페이지 주소를 반드시 게재하도록 부탁하는 일이다. 독자에 대한 오퍼를 반드시 준비하고 이렇게 청하는 것이다.

"기사를 본 독자가 더 자세하게 이해할 수 있도록, ○○을 준비했는데요. 희망자에게 무료로 증정하고 싶습니다. 그러니 저희 회사의 전화번호를 실어 주시지 않겠습니까?"

독자에게 메리트가 있는 오퍼라면 기자는 흔쾌하게 당신의 전화번호를 실어 준다. 실어 주지 않으면 취재 받을 의미가 없어지니 반드시 부탁하자. 가령 전화번호 게재가 불가능했다고 해도 매스컴에 나오는 일 자체에 가치가 있으므로 처음 몇 번은 적극적으로 취재를 받는 쪽이 좋다.

그러나 반드시 매스컴에서 연락이 온다고는 확신할 수 없다. 그런 경우에는 어떻게 하겠느냐 물으면 "그럴 때는 포기해야지, 뭐" 하고 대답하는 사람이 있다. 절대 포기해서는 안 된다. 반대로 자라처럼 따라붙으면 되는 것이다. 이것을 우리는 '매스컴 등장 자라 작전'이라고 부른다.

매스컴이 취재하러 오지 않는 이유는 몇 가지를 들 수 있다.

1. 어쩌다, 그런 기획이 없었기 때문에
2. 어쩌다, 때 맞는 화제가 아니었기 때문에
3. 어쩌다, 뉴스 가치가 있는 기사가 많았기 때문에

이와 같이 '어쩌다'가 많다. 이번에는 어쩌다 채택이 안 되었지만 타이밍만 맞는다면 취재하러 올 가능성은 지극히 높은 것이다. 보도자료를 보냈지만 채택이 안 됐다고 해서 영구히 보도가 안 되는 것은 아니다.

몇 번이라도 보도자료를 보내보자. 드는 경비는 아주 적으므로 정기적으로 보도자료를 보내는 게 좋다. 또 광고 내는 것을 생각하면 이쪽이 몇 십 배나 효율적이기 때문이다.

"그래도 계속해서 보내는 건 좀 마음에 걸린다"고 말하는 사람도 있다.

괜찮다. 같은 매스컴에 몇 번씩 팩스를 보내도 전혀 문제가 없다. 왜냐하면 매스컴은 항상 기삿거리를 찾고 있으니까.

우리가 고객을 찾는 것이 일이듯이 기자도 기사를 찾는 것이 일이다. 당신은 고객을 찾느라 고생하고 싶은가? 하고 싶지 않을 것이다. 만약 고객 스스로 사겠다며 찾아온다면 그보다 더 기쁜 일은 없다. 그와 마찬가지로 기자도 편하게 기사를 찾고 싶어 한다. 게다가 그 기사가 재미있는 것이라고 한다면 기자는 감사한 나머지 당신을 업어주고 싶은 마음까지 들지 모른다.

왜 매스컴을 이용해야만 하는가

우리 주변에는 여러 가지 선전 매체가 있고 기업의 광고 마케팅을 보지 않는 날은 하루도 없다. 집에서도 TV나 인터넷, 신문을 보면 싫어도 광고는 여기저기서 눈에 들어온다. 휴대폰만 켜도 광고가 보이고 길을 걸어도 간판 광고가 눈에 들어온다. 음식점이나 지하철 화장실에만 가도 곳곳에 붙여져 있다. 그야말로 세상 전부가 광고 투성이다.

그러나 생각해 보면 선전매체는 별로 없다. 있다면 주로 다음 5

가지다.

　① TV
　② 신문광고
　③ 잡지광고
　④ 전단지
　⑤ 인터넷 등 온라인

여기에 제시한 다섯 매체의 번호가 곧 '신뢰성'을 나타내는 순위이기도 하다. 간단하게 말하면 사람이 광고를 보았을 때 가장 신뢰감을 갖고 보는 것이 TV다. 반면에 가장 못 미덥다고 느끼는 것이 인터넷에 나오는 광고인 것이다. 그 점은 예컨대 당신이 10만 엔을 들여서 광고를 할 경우 신뢰성이 높은 매체에 내는 쪽이 고객에게 걸려오는 전화 숫자가 더 많을 것은 당연한 일이다.

그러나 고객이라는 것은 이러한 선전매체를 그다지 신뢰하지 않는다. 그보다는 매스컴이 보도하는 기사를 더 믿는다. 사람은 매스컴에 거론한 정보를 의심하지 않고 믿는 경향이 있다. 신용도는 즉각적인 반응으로 돌아오기 때문에 엘하우스처럼 전화벨이 끊임없이 울리게 되는 것이다.

TV나 신문광고가 신뢰성이 높다고는 해도 광고임에는 다름없다. 매스컴 기사가 스모의 천하장사인 요코즈나에 해당한다면, 광고라는 것은 스모의 최하위 등급인 마쿠시타 이하에 해당하는 것이다. 그만큼 매스컴이 쓴 기사는 신뢰성이 높고 영향력도 강한 것이다.

이 정도의 신뢰성을 전단지와 광고로 연출하는 데는 많은 액수의 광고 마케팅비가 필요하다는 것은 초등학생도 알 수 있는 일이다. 그런데도 매스컴의 힘을 무시하고 '전단지와 인터넷 광고'에 지나치게 올인하는 것은 어리석다. 자금을 투입하는 광고 마케팅은 매스컴에 대두된 후에 신경 써야 할 문제다. 돈이 없는 사람은 돈이 들지 않는 집객방법을 최우선으로 해야 하는 것이다.

그러므로 매스컴도 판매도구의 하나로 정립해두는 것이 중요하다. 매스컴을 기술적으로 이용함으로써 타사를 압도할 만큼 많은 고객을 확보할 수 있기 때문이다. 매스컴을 이용한 고객확보법을 모르는 사람들은 신뢰성이 낮은 매체에 거액의 돈을 쏟아 붓는 것을 많이 본다. 그리고는 고객이 없다며 한탄한다.

여기에서 좀 더 머리가 좋은 사람은 자신이 고객을 모을 수 없는 것에 적당한 변명거리를 생각해낸다. "역시 불황이라서 고객들이 없어. 경기만 좋아지면 고객도 늘어날 거야."

이렇게 생각하는 사람은 경기가 좋아져도 돈을 벌지는 못한다. 왜냐하면 팩스 한 통으로 고객을 확보하는 방법을 아는 회사에게 고객을 얌전히 데려다 바치는 일이 되기 때문이다.

매스컴에 등장하는 이점

① **돈을 들이지 않고도 고객이 모인다.**

몇 십 년씩 회사를 경영하고 있는 사장이라도 의외로 깨닫지 못하는 점이 있다. 그것은 한 명의 고객을 확보하는 데 드는 코스트가 사업에 있어서 가장 높은 비중을 차지하고 있다는 점이다. 경기가 나빠져서 돈을 벌지 못하는 것도 새로운 사업 추진에 실패하기 쉬운 것도 고객을 확보하는 데 많은 자금이 필요해지기 때문이다.

돈을 벌기도 전에 고객확보 코스트가 불어나고 자금은 바닥을 드러내어, 디 엔드. 이런 패턴으로 실패하는 회사가 참으로 많다. 앞으로는 고객확보 코스트를 억제하는 일이 사업의 생명선이 될 것이다. 당신이 매스컴에 등장하면 고객확보 비용은 극적으로 내릴 수 있다.

② **계약률이 높아진다.**

가령 가망고객을 돈을 하나도 안 들이고 모았다 해도 계약을 성사시키기 위해서는 영업비용이 든다. 거기에서 계약률이 나쁘면 주문할 고객을 확보하기 위해서 또 코스트가 높아지게 된다. 단순하게 생각해서 계약률이 절반이라면 고객확보 코스트는 두 배가 되어 버린다.

그러면 계약률을 올리기 위해서 어떻게 해야 할까? 거기에는 매스컴 기사를 이차로 이용하면 된다. 게재된 기사를 홍보 메일에 첨부해서 가망고객에게 보내고 매스컴에 거론된 사실을 선전하는 것이다. 주의해야 할 점은 '나는 이렇게 대단한 사람이다'라고 포장해서 선전하는 것이 아니라, '매스컴이 나를 이렇게 평가하고 있다'라고 어필하는 일이다. 그러면 고객은 자연스럽게 당신을 받아들이게 된다.

많은 회사들이 계약률을 올리지 못해 고심하고 있다. 계약률이 나쁘면 다급한 마음으로 광고를 하고 영업사원들을 채근한다. 이것이 보통의 회사들이 하고 있는 방식이다. 지금 같은 때 이런 방식으로는 절대 실적이 오르지 않는다.

"우리는 이렇게 훌륭하다. 그러니 사 달라"는 식의 자화자찬이 되기 때문이다. 이처럼 스스로를 추켜세우는 회사의 물건을 과연 사고 싶을까? 대답은 전혀 아니다. 따라서 실적은 올라가지 못하고 하지 않아도 될 수고를 하게 되는 것이다.

당신이 실적을 올리는 방법은 단 한 가지다. 고객의 좋은 점을 매스컴에 대변시키는 일이다. 그러면 고객은 사람이 달라진 것처럼 당신의 상품을 사게 되는 것이다.

③ **영원한 효과가 있다.**

"매스컴을 이용해도 딱 한 번의 효과밖에 기대할 수 없는 건 아니냐?"라고 말하는 사람이 있다. 그렇지 않다. 예컨대 매스컴 기사의 2차적인 이용은 매우 장기간의 효과를 기대할 수 있다.

한 예로 전단지에 'TV 광고, 호평 방송 중'이라고 기재한 회사가 있었다. 이 한 마디를 전단지에 덧붙인 것만으로도 반응은 훨씬 더 컸다고 한다. 그러면 실제로 TV에 광고하고 있느냐 하면 이것이 이상하다. 현재 TV에서 방송되고 있는 것은 아니다. TV에 방송되었던 것은 10년 전이고 지금은 쉬고 있다. 그러므로 '방송 중'이라는 말이 거짓은 아니라는 설명이다. 언젠가는 재개할 것이기 때문이다.

이러한 방법이 속임수라고 해도 어쨌거나 훌륭한 매스컴의 이차적 이용방법이라고 할 수 있다.

매스컴에 나옴으로써 영원한 효과가 얻어지는 이유는 또 한 가지가 있다. 한 번이라도 취재기사가 나가면 당신은 매스컴 데이터베이스에 등록되기 때문이다.

예컨대 당신이 '아토피로 고생하는 아이를 구원한다'는 타이틀로 매스컴에 나왔다고 하자. 어떤 기자가 아토피 기사를 쓰려고 할 경우, 컴퓨터의 키보드를 두들겨 매스컴 각사가 공유하는 데이터베이스에서 재료를 찾는다. 그러면 당신이 과거에 취재를 받았던 기사가 나온다. 그 기자가 충분한 재료를 가지고 있지 않은 경우, 다시 당신을 취재하는 것이다.

따라서 한 번 매스컴에 나오면 잠자코 있어도 최소 3년은 기자에게 연락이 올 가능성이 높다. 이쪽에서 가지 않아도 당신에게 기자가 찾아오는 것이다.

<u>처음에는 연락처를 실어주지 않아도 취재를 적극적으로 받을 필요가 있는 것은 이 때문이다. 하나의 기사로 다른 매스컴에서 계속 연락이 오는 이러한 현상을 '도미노 효과'라고 한다.</u>

매스컴 등장은 회사 전체의 활력소

회사의 사장이 매스컴에 나오면 달라지는 일이 있다. 우선 사원들의 얼굴 표정이 밝아진다. 그것은 관계자들에게도 파급된다. 매스컴에 등장하는 의미는 자신을 판다, 고객이 모인다, 계약률이 올라간다, 라는 것만이 아니다. 사회 안에서 회사의 가치를 올리고, 거기에서 일하는 사원과 경영자가 자신이 하는 일에 자긍심을 갖게 되는 것이다. 자긍심은 일하는 태도에서 나타난다. 기능직이라면 더 좋은 집을 짓고자 노력할 것이고, 안내계 여직원이라면 인사 목소리가 한층 더 밝아질 것이다.

사람들에게 강제로 의욕을 불러일으킬 수는 없다. 좋은 말로 구슬리는 것도 순간뿐이다. 월급이 조금 올랐다고 해서 생각이 바뀔 만큼 인간은 그다지 단순하지 않다. 그러나 자긍심을 가진 사원은 스스로 적극적으로 일하고 즐거운 마음으로 일한다.

<u>매스컴에 등장하는 것은 일하는 모든 사람들에게 활기를 불어 넣어 주는 특효약인 것이다.</u>

매스컴은 당신을 기다리고 있다

어떤가? 당신도 매스컴에 등장해서 자신을 알리는 일이 얼마나 간단한지 알았을 것이다. 당신이 자기 사업을 생각할 때 무엇부터 시작할까 헤맬 필요는 없다. 먼저 자신을 파는 것이다.

잘 안 되어도 상품을 팔아서는 안 된다. 진짜 상품은 자기 자신이다. 상품이란 찾으려고 하면 얼마든지 찾을 수 있다. 게다가 머리를 쓰면 상품이 전부가 아님을 알게 된다. 그것은 판매방법이거나 서비스이기도 하다. 물건은 무엇이든 좋은 것이다. 당신은 매스컴에 자신을 파는 방법을 배웠다. 남은 것은 실천하는 것뿐이다.

지금 바로 보도자료를 써서 팩스로 보내자. 내일부터 당신도 유명인이다.

최단기간 성공프로젝트 제6단계

창업으로 인생을 역전하는 방법

실패한 일도 OK! 손해 본 일도 OK! 후회스러운 일도 모두 OK!

독립하기 전까지의 갈등

  회사로부터 독립을 꿈꾸는 모든 사람이 전부 쉽게 독립할 수 있는 것은 아니다. 모두들 여러 가지 이유로 독립이 불가능하다. 그렇다면 언제 독립하면 좋은가? 그 전에 생각해야 할 것은 '정말로 독립하는 게 좋은가?'라는 것이다.

  히라는 독립을 생각하고도 자그만치 20년이나 기다렸다. 원래부터 독립 지향이 강했던 것은 아니다. 다니던 직장에도 만족하고 있었다. 히라가 입사했을 때는 아직 건축부를 설립한 지 얼마 안 되었기 때문에 지을 물건이 없었다. 건축을 하고 싶어도 일이 없어 토목공사의 보조 일을 했었다.

그 후 서서히 일이 들어오기 시작해서 제로에서부터 바로 실천으로 배워 나갔다. 게다가 업무를 가르쳐 줄 상사도 없어 스스로 공부해가면서 그렇게 십 몇 년이라는 귀중한 세월을 보냈다. 만약 그 세월이 없었다면 지금의 히라는 없었다. 배우는 시간이 길수록 더 좋다는 의미는 아니지만, 직장인 시절의 20년은 인생 전체를 비춰보았을 때 전혀 불필요한 것이 아니었다. 모든 경험이 피가 되고 또 살이 되었다.

독립도 좋다. 그러나 독립만이 인생의 전부는 아니다. 지금 일하는 회사에서 열심히 배우고 다가올 미래를 향해서 기다리는 일도 중요한 것이다. 배우는 시간이 길면 그것을 토해내는 시간도 그만큼 길다. 독립해 버리면 배울 시간은 극히 적어진다. 직장인이라면 회사 돈으로 공부할 수 있다. 이것만큼 좋은 일은 없다.

독립하면 원치 않는 여러 가지 문제도 발생한다. 당신이 문제 해결을 즐기는 타입이 아니라면 사업가 자격으로는 부적합하다. 현실적으로 매월 지불해야 해야 하는 문제에 쫓기게 되므로 사장 일의 대부분이 자금조달이 될지도 모른다. 그렇게 되면 더 이상의 공부가 아니다. 사원의 급여 지불은 물론 상상조차 못 했던 많은 일들이 발생한다. 그야말로 하루하루가 넘기 힘든 고개처럼 여겨질 수도 있다.

독립해도 중요한 것은 공부다. 지식을 얻지 못하면 다음 단계로 나아갈 수 없기 때문이다. 하지만 독립해서 내 회사를 갖게 되면 그 시간을 제대로 가질 수 없게 되는 것이다.

타인을 휘어잡는 유니크 세일스 프로포지션

회사는 무엇을 하는 곳일까? 자신의 힘을 시도해보는 장소, 공부하는 장소, 돈을 버는 곳, 여러 가지다. 자신을 갈고 닦는 곳이라면 더 없이 좋은 회사다. 그러나 근무하는 이상은 급여를 받고 있다. 급여만큼만 일하면 된다는 생각은 버려라. 회사로 인해서 자신이 뭔가를 배우고 발전하는 것이므로 당신도 회사에게 돈을 벌어주는 사원이 되어야 한다.

지금의 회사는 자신이 발전할 곳이 못 된다는 사람도 있을 것이다. 그래서 하는 둥 마는 둥 일한다면 잘못되도 한참 잘못된 일이다. 청소를 해도, 전표를 정리해도, 그 무엇도 불필요한 일은 없다. 모두가 가치 있는 일이다. 중요한 건 지금 하고 있는 일에서 스스로 가치를 발견해야 한다는 점이다. 이 글을 읽는 당신은 자신이 하는 일 속에서 반드시 그 가치를 찾을 수 있기 바란다.

자신의 재능과 실력을 갈고 닦다 보면 이것만은 타인에게 절대 질 수 없다는 것이 만들어지게 된다. 그것으로도 충분하다. 회사에서 전화를 가장 빨리 받는다거나, 인사성은 누구에게도 지지 않는다거나 정리정돈도 최고다, 라는 이런 사소한 일로서 최고가 되는 것도 의미 있고 재미있는 일이다.

이것이 유니크 세일스 프로포지션, 약어로 USP라고 한다. 상대를 휘어잡을 수 있는 특징으로도 해석할 수 있다.

초창기 간다의 USP는 '소예산으로 압도적인 숫자의 고객을 모을 수 있다'였다. 히라의 USP는 '집짓기를 포기하신 분은 엘하우스로'. 왠지 표어 같지만, 이것이 가능하다면 어느 회사보다 강한 것이다. USP는 독립하고 나서 만드는 것이 아니다. 반대로 이것이 없으면 독립할 수 없다고도 할 수 있으며, 독립해도 실패할 가능성이 높다.

당신도 지금 위치한 회사에서 자신을 연마하고 USP를 만들어라. 예컨대 나는 누구보다도 빨리 깨끗한 문서 작성을 할 수 있다고 하자. 그러나 문서 작성만으로 회사를 차릴 수는 없다. 효율적인 문서 작성법을 노트에 쓴다면, 그것이 곧 매뉴얼이 된다. 뭔가를 해서 좋은 결과가 나온 게 있다면 그것을 글로 써보고 그 작업을 되풀이해 나가라. 10센티미터 두께의 파일에 다 들어갈 수 없을 정도까지 되면 드디어 당신이 독립할 시기인지 모른다.

어떤가. 이렇게 생각하면 지금 회사에서 일하는 것도 결코 나쁘지 않을 것이다. 이미 잘 알겠지만, '지금 자신이 하는 일이 몇 년 후에는 금을 쏟아내는 도깨비 방망이'가 될 수 있다.

어쩌면 당신은 현재 회사에서 하고 싶은 일을 못 하고 있을지도 모른다. 일에서 실패하고 자기 의사와는 다른 부서로 옮겨져 있을지도 모른다. 기술자인데도 영업을 해야 할지도 모른다. 어느 길이나 창업하면 반드시 영업은 필요하다. 아무리 좋은 상품을 개발해도 판매할 능력이 없으면 가만히 앉아서 썩히는 일이 된다. 영업 경험은 반드시 도움이 된다. 당신은 행운아다. 회사 돈으로 공부하고 있는 셈이니까 말이다.

'어린 코끼리의 쇠사슬'이라는 이야기가 있다. 한 마리의 코끼리가 새끼 때부터 쇠사슬에 묶여 있었다. 어릴 때는 쇠사슬이 너무 무거워서 도망칠 수가 없었다. 코끼리는 조금씩 자라 어느새 힘만 쓰면 사슬은 얼마든지 끊을 수 있을 정도로까지 성장했다. 그러나 성장한 코끼리는 더 이상 도망치려고 하지 않고 사슬이 닿는 범위 안에서만 움직이게 된다.

일하기 편한 회사에 있다면 당신도 이렇게 될지 모른다. 지금 일하는 회사에서 인생을 마치겠다면 그것도 좋다. 그러나 회사는 당신을 절대 지켜 주지 않는다. 우리는 몸소 그것을 경험하고 있다.

살다 보면 가장 신뢰했던 사람에게 배신당하는 일도 있다. 배신하려는 의도는 없었을지 모르지만 결과적으로 그렇게 되는 경우가 있다.

별난 사람이야말로 멋진 사람

나가타에는 완전히 고자세의 회계사무소가 있다. 2장에 등장했던 오카모토 시로 씨다. 오카모토 씨는 별난 사람이라는 말을 많이 듣는다. 노벨상을 수상한 시마즈제작소의 다나카 고이치 씨도 별난 사람이라고 해서 신문에서 소개되었다.

'별난 사람'이란 칭찬인가 아니면 비방인가?

실은 히라도 나가타의 오카모토 씨를 별난 사람이라고 부른다. "자네는 정말 별나." 그러자 오카모토 씨가 "뭐? 왜?"라고 조금 화난 듯 물었다.

<u>별난 사람은 남 다른 괴짜이자 남과 달라지려는 사람이다. 항상 뭔가에 몰두하고 새로운 것을 모색한다. 현재의 자신에 만족하지 못하는 호기심이 왕성한 사람이다.</u>

계절이 때마다 달라지듯 시대도 달라진다. 자신만 달라지지 않으면 죽을 수밖에 없는 것이다.

오카모토 씨는 그냥 단순하게 달라지려는 게 아니다. 주변과 함께 달라지는 방법을 시도한다. 한 달이면 몇 번씩 세미나를 열고 전국을 돌아다닌다. 특별히 세미나 같은 것은 하지 않아도 본업으로도 충분히 먹고 살 수 있다. 그래도 하고 있다. 지금 오카모토 씨는 세상에 변화를 가져오려 하고 있다. 자신이 태풍의 눈이 되어 주변에 변화를 일으키고 있다.

세상에 변화의 바람을 일으킨다는 건 결코 쉬운 일이 아닐 것이다. 그러나 과감하게 도전하고 있다. '내가 굳이 왜 이런 일을 하지?'라는 생각이 들 때도 있지만, 그것이 자신에게 가장 좋은 공부가 되기 때문이라고 말한다.

스스로 공부하고 지식을 얻는다. 그 다음은 어떻게 할까? 그대로 지식을 껴안고 죽을까? 그렇다면 참으로 안타깝고 애석한 일이다. 자신에게 가장 공부가 되는 것은 사실 남에게 가르치는 일이다. 자신의 지식을 남에게 전하는 것은 기술이 필요하며, 알기 쉽게 전달하지 않으면 안 된다.

야구선수나 스포츠선수들이 후진 양성에 뛰어들었다는 말을 종종 듣는다. 이것은 따로 할 일이 없어서가 아니다. 자신이 쌓아온 것을 누군가에게 전하는 게 의무라고 생각해서다. 우리가 얻은 지식은 자기만의 것이 아니다. 그 지식을 전하지 않으면 살아 있을 의미가 없다.

앞으로 비즈니스 세계에서 살아남는 방법은 간단하다.

하지만 그냥 살아남는 것은 더 이상의 의미가 없다. 단연 톱이 되어야만 한다. 특별히 한 나라의 최고 내지는 세계 최고가 되라는 것이 아니다. 지역에서 최고, 업계에서 최고를 지향하라는 얘기다.

<u>단연 톱이 되기 위해서는 때론 수그릴 때도 필요하다. 일단 몸을 수그리지 않으면 점프할 수가 없기 때문이다. 항상 달리고만 있어서도 안 되는 것이다.</u> 고속철도처럼 빨리 달리는 일도 때로는 필요할지 모른다. 그러나 그런 속도로만 달린다면 못 보고 놓치는 아름다운 경치도 있다. 지금이라도 완행열차에 몸을 실어 보라. 분명히 새로운 경치를 발견할 수 있을 것이다.

돈 벌 의무를 회피하지 마라

우리는 몇 백 개 회사의 사장님들과 만나서 대화를 나눴다. 그리고 깨달은 사실이 있다. 돈을 못 버는 회사의 사장에게는 공통되는 점이 있었다. 돈을 못 버는 회사의 사장은 대부분이 성실하고 노력가다.

그러나 성실하게 일하는 것과 돈버는 일과는 상관관계가 없다. 아무리 노력해서 훌륭한 상품을 만들어도 고객을 끌어 모을 수 없으면 절대 팔리지 않는다. 또한 고객을 모아도 영업 방법을 모르면 팔리지 않는다. 그러나 당신은 여기에서 고객 모으는 법과 영업 방법을 배웠다.

성실한 자세로 일하는 것은 중요하다. 그러나 돈버는 회사 사장과 돈을 못 버는 회사 사장의 차이는 분명 있다. 돈버는 회사의 사장은 고객이 오지 않아도 절대 포기하지 않는다.

게다가 현장에 가서 스스로 작업하거나 아무나 할 수 있는 일을 하느라 생고생을 하지 않는다. 그것은 사장의 일이 아니기 때문이다. 사장이 할 일을 하느라 노력하되 하지 않아도 될 일은 해서는 안 된다. 노력도 제대로 사용해야 한다.

'돈을 벌지 못해도 먹고 살 수만 있으면 된다'는 생각도 버리자. 우리는 사업가다. 사업가에게는 돈벌 의무가 있다. 비상식적으로 돈벌 의무가 있는 것이다.

인생은 멋지다

당신은 지금 혹시 삶을 포기하고 있지는 않는가. 사는 동안 맨날 운 없는 일만 계속 됐고, 하는 일마다 실패하는 인생이라고 투덜대고 있지는 않는가. 그러나 생각해 보자. 문제없는 인생이란 따분한 인생이다.

가는 길이 곧기만 하고 아무것도 없고 아무런 변화도 없는 길이었다면 당신은 계속 걸을 수 있었을까?

올해 로스앤젤레스와 라스베가스에 간 적이 있다. 로스앤젤레스에서 라스베가스까지는 사막의 한가운데를 지나는 외길이다. 아무것도 없는 돌투성이의 사막을 곧게 내달리기만 하던 버스 속에서, 참 따분하고 재미없다 생각했을 때였다.

그때 우리의 버스가 달리는 길 바로 옆에서 산불이 일었다. 그래선 안 되지만 솔직히 그 순간 가슴 뛰는 흥분을 느꼈다. 아무 일도 일어나지 않을 것 같았던 길에 갑작스럽게 "산불이다!"하는 외침과 함께 대형 화재로 소방차가 몇 십 대나 오고 비행기도 와서 소화 활동을 벌였다.

아무 일도 없었던 곳에 일어난 갑작스러운 문제, 그리고 그것을 신속하게 해결하는 것, 이것이 인생이다. 구부러지기도 하고, 샛길로도 벗어나 보기도 하고, 바윗덩어리에 길이 막히기도 하고, 산으로 떨어지기도 하기 때문에 인생이 재미있는 게 아닐까. 한편으로는 문제를 해결하면서 그 속에서 배우게 되는 것, 그것 또한 인생이 아닐까.

당신은 지금까지 살면서 문제를 얼마만큼 해결해 왔는가! 지금 이 순간도 당신은 살아 있기 때문에 회사에서 열심히 일하고 있는 것이고, 그것은 곧 어떤 문제도 너끈히 헤쳐 왔다는 증거다. 그것만으로도 굉장한 일이며 존경받을 일이다.

생각해 보자. 당신의 지금까지의 인생을. 무엇 하나 불필요한 일은 없었을 것이다. 모든 경험이 산 보물이다. 그것은 앞으로도 마찬가지다.

지금 이 순간을 열심히 살자. 포기하지 마라. 불필요한 인생이란 하나도 없다.

만약 있다고 한다면 그것은 아무런 생각도 안 하는 인생이다. 당신이 회사의 일과 인간관계에 지쳐 아무것도 생각하지 않는 길을 선택한다면 그것으로 끝이다. 그러나 당신은 이제 독립하기 위한 지혜도 지금 있는 회사에서 살아가기 위한 지혜도 움켜잡았다. 앞으로는 머리를 써라. 머리를 쓰는 것은 곧 '생각한다'는 것. 그저 사소한 생각만으로 인생은 얼마든지 달라진다.

창조할 거리는 무한하다. 아이디어도 무한하다. 당신의 아이디어를 세상으로 내보내라. 모두가 기다리고 있다. 우리도 즐겁게 기다리고 있다.

자신에게 OK를 외쳐라

성공한 사람들에게는 공통점이 있다. 한 마디로 말하면, 긍정적이고 적극적이라는 점이다. 어떻게 긍정적이냐.

성공자의 공통점은 자신이 해 온 일에 모두 OK 사인을 내릴 수 있다는 점이다. 절대 사소한 일로 끙끙대지 않는다. 물론 낙담할 때도 있다. 대신에 낙담에 빠져 있는 시간이 짧다. 그리고는 곧 바로 마음을 다스리고 OK를 외치는 것이다.

실패한 일도 OK! 손해 본 일도 OK! 후회스러운 일도 모두 OK!를 외친다. 그리고 다음 무대로 옮겨간다. 자신에게 OK를 던지지 못하는 사람은 삶이 괴롭다. 남을 책망하고 가족을 책망하고 스스로를 책망한다.

지금의 자신을 소중히 여겨라. 소중히 여길 자신이 없으면 소중히 여길 수 있는 자신을 만들어라. 독립해서 자기 회사를 갖게 되면 사회의 모든 것과 싸워야 한다. 그러나 정말로 싸워야 할 것은 바로 자신이다. 자신을 이기면 당신도 성공자다.

Epilogue

혼자 버는 돈은 의미가 없다
_간다 마사노리

히라 씨와 만난 것은 4년 전이다. 그때는 전화 통화만 했었고 서로의 얼굴은 알지 못했었다. 그저 감성이 풍부한 사람이겠거니 생각했는데, 주택업계의 변혁을 이렇게 단기간에 그리고 신선하게 가져오리라고는 상상도 못했다. 그리고 이와 같이 함께 책을 쓰게 되리라는 것도 상상하지 못했다.

처음 만났을 때의 히라 씨는 곧 쓰러질 듯한 회사의 직장인이었지만, 현재의 히라 씨는 주택업계의 전설적인 인물이자, 주변에서는 부디 한번만 만나달라는 사람들로 줄을 서는 존재가 될 만큼 큰 사람이 되었다.

내가 회사 차리기를 잘했다고 생각하는 이유는, 이처럼 훌륭한 친구를 갖게 되었다는 점이다. 서로를 높여줄 수 있고 서로에게 힘이 되고 격려가 될 수 있는 친구. 같은 방향성을 가진 동료만큼 귀중한 재산은 없다.

비즈니스의 구조를 알게 되면 금전적으로 성공한다는 것은 그다지 어려운 일이 아니다. 단순한 메커니즘이기 때문에 그저 몇 개월간 공부하면 어떻게든 수가 생기게 된다. 그보다 더 어려운 것은 금전적으로 풍요로워지면서 마음도 풍요로워지는 일이다. 성공하면서 점점 더 불행해지는 사람이 얼마나 많은가? 연인은 생겨도 친구가 생기지 않는 사람들. 운 좋게도 나는 직장인일 때보다도 독립하고 나서 더 많은 친구를 얻을 수 있었다.

많은 사람이 독립하는 계기는 풍요로운 생활을 하고 싶어서, 세상을 놀라게 하고 싶어서 등, 자신을 바탕에 둔 동기가 대부분이다. 솔직히 나도 지극히 이기주의자였다. 독립 초의 모토는 비상식적인 자유로움과 풍요로움. 금전적으로 하루 빨리 걱정 없는 생활을 실현하고, 그리고 가족이 편하게 살 수 있는 집을 갖고 싶었다. 독립 초에는 엄청난 에너지가 필요하기 때문에 그런 자아가 필요하다. 그러나 자아를 소중히 여김과 동시에 한편으로 깨달은 눈으로 진정한 풍요란 무엇인가를 머리 한편에 두어야 하는 것이다.

나는 이전에 나이지리아에서 살았던 적이 있다. 그때는 독신임에도 불구하고 세 개의 베드룸을 가진 넓은 맨션에 살면서, 가사도우미와 운전수까지 두고 생활했었다. 그것도 매달 몇 만 엔으로. 따라서 윤택한 생활이 꿈이라면 지금이라도 당장 개발도상국에 가면 실현되는 일이다.

그러나 아무리 돈을 벌어도 혼자서만 돈을 번다면 의미가 없다. 마치 무인도에서의 억만장자와도 같다. 한 사람의 카리스마가 성공하던 시대는 이제 끝이 났다. 앞으로는 공통된 사상을 가진 사람과 함께 즐기면서 영향력이 있는 존재가 되어 가는 시대이다.

새로운 세계를 함께 공유할 수 있는 친구나 동료가 없다면 아무런 기쁨도 없다. 성공이 즐거운 것은 그러한 풍요를 많은 사람에게 제공할 수 있기 때문인 것이다.

<u>많은 사람은 실패할 것을 두려워하기보다는 성공하는 것을 두려워하고 있다. 성공을 두려워할 필요는 없다. 당신에게는 함께 성장하고 발전할 친구가 있고 동료가 있기 때문이다.</u>

자기 인생은 스스로 책임져라
_히라 히데노부

마지막으로 당신에게 하고 싶은 얘기가 있다.

지금 독립할 생각인가? 그렇다면 조금만 기다려라.

독립하기 전에 해야 할 일은 없는가?

현재의 회사에서 더 이상 배울 게 없는가?

회사를 설립하고 1, 2년은 누구라도 버틸 수 있다. 그러나 회사를 10년간 살아남기란 지극히 어려운 일이다. 다니던 회사를 그만두고 독립하겠다는 생각도 좋다. 그러나 생각하는 것과 실행하는 것은 다르다.

나는 독립하겠다는 마지막 결단을 내리고 나서 반년 동안은 갈대처럼 마음이 이리저리 흔들렸다. 회사를 그만 둔다는 것, 간단한 일이 아니다. 힘들게 들어간 회사다. 애착도 있다. 가능하다면 평생을 바치고 싶다. 그러나······.

<u>중요한 것은 독립하느냐 마느냐가 아니다. 어떻게 하면 빛나는 인생을 살 것인가, 그리고 마지막 죽는 순간에 '내 인생은 참으로 뜻있었다'라고 생각할 수 있는가, 하는 것이다.</u>

당신이 현재 회사에서 만들고 있는 것은 무엇인가? 상품? 부품? 그렇지 않다. 회사에서 만들고 있는 것은 바로 자신이다. 회사는 자

기실현의 장이다. 그렇다면 어떤 일이든 상관없다. 지금은 다가올 전쟁을 위해서 진정한 자신을 만들며 이를 갈 때인 것이다.

이 책을 마지막까지 읽은 당신은 반드시 빛나는 길을 선택하리라 믿는다.

미에현에 주식회사 새티스홈이라는 주택건축회사가 있다. 사장의 이름은 히로타 야스유키 씨라고 한다. 히로타 씨는 건설회사의 하청 일을 하고 있었다. 그러나 하청에 한계를 느껴 새로운 길을 선택했다. 하청업체에서 원청업체로의 제2의 독립. 굉장한 결단이었다.

지금까지 자사에서 일을 따낸 적이 한 번도 없다. 그런 회사가 매출 100퍼센트의 회사를 잘라낸 것이다. 그것도 스스로.

당연히 그다음 날부터 할 일이 없었다. 까닭 모를 이유로 빚까지 지게 되었다. 히로타 씨가 사원과 가족을 길가로 내몰 정도의 위험을 감수하고까지 변화를 감행한 이유는 무엇일까? 하청이라고 해도 돈을 못 버는 게 아니다.

히로타 씨는 생각했다. '내 인생이다. 하고 싶은 일을 하겠다. 하고 싶지 않은 일은 더 이상 안 하겠다. 그리고 실패하면 회사를 닫으면 되지 않는가.'

그런 결단을 내리고 나서 2년 후, 새티스홈은 미에현에서도 유수의 주택건축회사가 되었다. 하청 시절과는 비교 할 수 없을 정도로 많은 돈을 벌고 있다. 지금은 '경쟁사들이 부러워할 만큼 많은 고객들로 북적이는 회사'로 평판이 자자하다. 이렇게 되기까지 단 2년. 과거를 매듭짓고 큰 성공을 거두었다.

소중한 것을 자른다는 것은 '과거를 매듭짓는다'는 의미다.

히로타 씨도 우리와 똑같이 평범한 사람이다. 고등학교를 졸업한 것이 36세 때다. 그리고 지금은 중앙대학 법학부 통신교육과에 다니고 있다. 결함주택으로 고민하는 사람들을 돕겠다고 '주택법률 상담실'을 만들고자 공부하고 있다. 결함주택을 둘러싸고 일을 수주하는 회사를 만들고 싶다는 것이다.

히로타 씨는 말한다.

"내가 정말로 해야 할 일은, 그 동안 내가 소중하게 여기고 꽉 붙들었던 것을 잘라내는 일에서 찾았다"라고.

이 책을 쓰면서 참으로 많은 사람들에게 도움을 받았다. 특히 인터뷰에 흔쾌하게 협력해준 많은 분들, 당신의 경험이 많은 사람들에게 용기를 줄 것이다. 진심으로 감사를 드린다.

나는 4년 전부터 간다 마사노리 선생님이 주최하는 '고객획득실천회'에서 공부하고 있다. 실천회와의 만남이 없었다면 지금의 나는 없었을 것이다. 이번에 공저라는 형태로 집필 기회를 주신 간다 마사노리 선생님께도 아직 감사하다는 말을 못했다.

"나중에 천국에 가서도 부부로 살자"고 말해주는, 나의 든든한 후원자이자 따뜻한 동반자인 아내에게도 감사를 담아 이 책을 바친다.

우리 회사의 벽에는 일본 애니메이션의 대표작 중 하나인 〈내일의 죠〉 일러스트가 걸려 있다. 주인공이자 복서인 야부키 죠는 자신의 운명을 예감하면서 사각의 링 위에 오른다. 그리고 결국 그 유명한 "불태웠다. 하얗게… 모두 불태웠어… 새하얀 재로……"라는 마지막 대사를 남기고 링 위에서 눈부시도록 새빨갛게 타올라 새하얀 재로 변해간다….

독립해서 맨 처음 산 것이 이 일러스트였다. '새하얀 재가 될 때까지 온 힘을 다해 일하겠다.' 그렇게 결심했기 때문이다.

그러나 이 책을 다 쓴 지금, 내일의 죠는 그만 떼어 내려고 한다. 아직 나는 새하얀 재가 되어서는 안 되며, 다음 시대를 이끌어갈 사람들을 위해서도 아직 재가 될 때가 아님을 깨달았기 때문이다.

오늘부터 나는 또다시 새로운 한 발을 힘차게 내딛을 것이다.

큰돈 버는 기회는 모두 어렵다고 할 때 찾아온다

초판 1쇄 인쇄 | 2021년 2월 20일
초판 1쇄 발행 | 2021년 2월 25일

지은이 간다 마사노리 · 히라 히데노부 | **옮긴이** 은영미
펴낸이 이종근 | **펴낸곳** 나라원
주소 서울 종로구 종로53길 27 나라원빌딩 (우. 03105)
전화 02)744-8411 | **팩스** 02)745-4399
홈페이지 www.narawon.co.kr

ⓒ 나라원

ISBN 978-89-7034-285-6 (03320)

* 잘못 만들어진 책은 구입하신 곳에서 교환해드립니다.